ENTRE LES LIGNES

Laure Manaudou

ENTRE LES LIGNES

Avec la collaboration
de Marion Festraëts

Michel LAFON

118, avenue Achille-Peretti – CS 70024
92521 Neuilly-sur-Seine Cedex

www.michel-lafon.com

Pour Manon

Prologue

L'or

Je n'ai jamais aimé nager.

Depuis que j'ai pris ma retraite, à la fin du mois de janvier 2013, je n'ai pas remis le pied dans l'eau d'un bassin de natation. Rien ne me manque. Ni l'odeur du chlore, dont le corps met des mois à se débarrasser. Ni l'humidité qui mord la cheville lorsqu'on traverse le pédiluve alors qu'il fait toujours noir dehors et que les autres n'ont pas fini leur nuit. Encore moins l'enfilade infinie de carreaux de faïence qu'on compte jusqu'à l'abrutissement en enchaînant les longueurs. Le maillot froid qui colle à l'épiderme comme une peau morte, la blancheur d'hôpital des vestiaires trop éclairés, où traînent toujours un sparadrap mouillé ou une chaussette oubliée. Rien.

Je n'ai jamais aimé nager. Je suis arrivée à la natation par hasard, presque par accident, à un âge où l'on ne décide pas de grand-chose. J'ai commencé à cinq ans, parce que nous passions toutes nos vacances d'été en Bretagne, où mes parents s'étaient rencontrés, dix ans avant la naissance de mon frère. Au cap Fréhel, la marée, dit-on, monte plus vite qu'un cheval au galop. Je me souviens de l'eau fraîche, de ces longues plages de sable vide où nous partions jouer des heures. Mes parents estimaient prudent de nous apprendre à nager, à mon frère et à moi. Il fallait qu'on sache regagner le rivage si les vagues nous éloignaient du bord. À la rentrée, ils nous ont inscrits à la piscine d'Ambérieu-en-Bugey, la plus proche de notre village. C'est là que tout a commencé.

Je n'ai jamais aimé nager. Ce que j'aimais, c'était gagner. Arriver la première, toucher le mur et lever les bras au ciel pour signifier : « Ça y est, j'y suis arrivée ! », encore et encore. La victoire ou les larmes : petite, quand je terminais deuxième, j'en pleurais de déception et de rage. Je voulais être la meilleure, c'est simple, et ça peut sembler arrogant. Pourtant j'ai peu de mérite : on m'a souvent décrite comme une feignasse, une flemmarde – et c'est vrai, je n'ai pas le goût de l'effort, pas de patience non plus. Mais je suis une paresseuse qui, longtemps, dès l'âge de quatorze ans, a dû se lever à 5 h 30 chaque matin pour aller nager ses seize kilomètres quotidiens.

Je n'ai jamais aimé nager, et pourtant j'en ai fait mon métier. Déjà, au collège, j'écrivais « nageuse professionnelle » dans la case réservée à nos souhaits de carrière. Je savais que ça n'existait pas, en tout cas pas en France, où la natation demeurait une discipline confidentielle, austère, peu médiatisée. J'avais foi en mes chances, je croyais qu'il suffisait de le vouloir pour y arriver. J'y ai jeté toutes mes forces, j'ai quitté la maison familiale, pleuré seule dans mon lit, crié contre mon entraîneur, enragé contre la défaite au bord des bassins. J'ai gravi l'Olympe et dévalé les marches des podiums avant de les conquérir à nouveau, mais j'ai vécu mon rêve.

Je n'ai jamais aimé nager, et c'est pourtant ce que j'ai fait, des années durant, sans penser à rien d'autre. J'ai eu de la chance, celle de gagner les plus grandes récompenses dont un athlète puisse rêver, grâce à mes aptitudes physiques et à ma volonté. Jamais je n'ai pensé faire autre chose. De quoi mes journées seraient-elles faites, aujourd'hui, si je n'avais pas enchaîné les victoires ? Que faire d'une vie qui commence à vingt-sept ans, quand on a quitté l'école à l'âge où les autres passent le BEPC, sans avoir eu le temps de rêver à ce qu'on va devenir une fois retraité des bassins ? Je ne m'étais jamais posé la question, et personne ne se l'était posée pour moi. Je n'avais qu'un objectif, et il prenait toute la place. Comme si imaginer autre chose, penser à la suite, c'était déjà tourner la page, abandonner. Accepter de perdre.

Je n'ai jamais aimé nager. Ça n'est pas pour rien que j'emploie le verbe « aimer ». Depuis longtemps, c'est l'amour qui motive mes choix. C'est l'amour qui décide à ma place, pour le meilleur et, parfois, pour le pire. Mes histoires de cœur ont fait la une des journaux, plus souvent encore que mes performances sportives. Je n'ai jamais cherché à faire parler de moi, mais je ne me suis pas cachée non plus. Je me suis trompée souvent, mais j'aime aimer. Je ne crois pas que ça soit un crime.

Je n'ai jamais aimé nager et parfois je patauge. Qui suis-je ? Qu'est-ce que je veux ? J'ai trop souvent découvert, dans les journaux parlant de moi, le portrait d'une fille qui ne me ressemble pas. Je n'ai pas les codes, pas les manières, je ne sais pas parler aux autres, les journalistes, les sportifs, les gens importants. Moi la timide, la mal à l'aise, j'ai peur qu'on me croie fière ou prétentieuse. Je n'ai jamais eu à me présenter : depuis mes dix-sept ans, les gens que je rencontre savent que je suis Laure Manaudou, nageuse de haut niveau, championne olympique. Et après ?

Prologue

Et après, le vide, immense, sous mes pieds. J'ai le vertige, mais je dois m'y jeter.

Me jeter à l'eau, pour de bon. Et raconter, pour me trouver.

– 1 –

Un vélo blanc et bleu

Qu'il est beau, ce vélo ! Bleu et blanc, à pignon fixe, le genre qui freine quand on donne un coup de pédales sec en arrière. Je mets des billes de couleur dans les rayons pour faire du bruit en roulant. Pas vraiment la bicyclette rose pour petite fille modèle. Je ne suis pas une petite fille modèle. J'ai bien quelques poupées Barbie, mais je pourrais les échanger sans hésitation contre une virée à vélo. Je suis une sauvageonne, une fille qui court en pantalon et en baskets, qui grimpe aux arbres, qui balance des cailloux dans les étangs, qui ne pleure pas quand elle tombe. Un garçon manqué. Et j'aime ce vélo BMX, un truc de mec sur lequel je fais la course avec mon frère et m'entraîne au dérapage. J'ai sept ou huit ans. Cette chute, je m'en souviens comme si c'était hier. Ce jour-là, je comprends qu'à vélo on ne doit pas freiner et tourner en même temps. La leçon me vaut trois points de suture au genou. Je sens encore la douleur, les compresses d'eau chaude qu'il faut appliquer sur la plaie pour extraire tous les petits gravillons incrustés dans la chair à vif. Même pas grave : demain je remonterai en selle.

Ce vélo bleu et blanc, c'est ma liberté. Elle est rare : mon temps libre est compté entre l'école et les entraînements à la piscine d'Ambérieu-en-Bugey. Alors parfois, mon frère et moi, on snobe le bus et on prend nos vélos pour aller à l'école, à cinq kilomètres. C'est mieux à l'aller, une longue descente. Au retour, avec nos cartables sur le dos, la pente semble raide et brûle les mollets. Alors on s'arrête en cours de route pour regarder les moutons dans les prés, observer les joueurs sur les courts de tennis municipaux, ou faire des ricochets sur la rivière.

Mon frère Nicolas a un an de plus que moi, jour pour jour. Nous sommes tous les deux nés un 9 octobre, lui en 1985, moi en 1986. Petits, nous sommes inséparables, pour le pire et pour le meilleur. Souvent le pire, car nous avons deux caractères de cochon. Un animal qui ne s'élève pas en appartement : pour mes parents, il n'est pas question que nous grandissions ailleurs qu'à la campagne, où les enfants peuvent s'amuser dehors pendant des heures sans avoir rien à craindre.

Dans le grand jardin trône une balançoire où nous jouons jusqu'à la nuit tombée. Un peu plus loin, il y a un panneau de basket et un terrain de boules, délimité par des traverses de chemin de fer que Nicolas soulève pour y trouver les vers de terre qu'il utilise à la pêche.

Nous habitons un petit village qui s'appelle Loyes, au milieu des prés et des bois. Mes parents y ont fait construire leur maison en 1983, deux ans avant la naissance de mon frère. Lorsqu'on indique l'adresse aux invités, on précise que c'est le dernier lotissement avant la fin du village, juste à droite avant le panneau « Loyes » barré. Au-delà, il n'y a plus rien, la route s'enfonce dans les champs, traverse des rivières, longe des prés et se perd dans une campagne parsemée de centaines d'étangs. Notre maison, simple, moderne et fonctionnelle, est la deuxième en entrant dans le lotissement.

À peine rentrés de l'école, nous jetons nos affaires dans la maison et nous nous précipitons en criant dans le jardin. Pas question de traîner devant la télé : c'est interdit, et on a mieux à faire. Comme courir dehors, profiter de ce monde à taille d'enfant qu'est le lotissement. Pour nous appeler, ma mère ne se fatigue plus à donner de la voix : elle siffle dans ses doigts. Un coup, c'est le signal qu'il faut rentrer à la maison. Deux coups, ça va chauffer pour nos fesses. En attendant, c'est à celui qui va le plus vite à vélo, à celui qui marque le plus de paniers de basket, à celui qui se poussera le premier quand on se fonce dessus, Nicolas à rollers, moi à vélo. Évidemment, personne ne se défile : ce jour-là, je fais un soleil par-dessus le guidon. Je tombe les bras en avant. J'ai mal mais je ne dis rien. Je ne veux pas pleurer devant Nicolas, je ne veux pas non plus me prendre un savon par mes parents. Alors je serre les dents et je pleure la nuit, quand je crois que personne ne m'entend. Naturellement, ma mère surprend mes larmes. Diagnostic : tassement des os du coude. Je dois porter une attelle pendant plusieurs semaines. Puis tout recommencera exactement comme avant, jusqu'à la prochaine bêtise.

Avec Nicolas, c'est à la vie, à la mort. On s'aime autant qu'on se déteste. Je n'ai pas souvenir d'avoir eu, petite, d'autres compagnons de jeu. À cette époque, on se suffit, mais on se bat tout le temps. C'est peut-être de cette rivalité que me vient mon instinct de compétition. À l'école maternelle, quand j'étais encore chez les moyens et lui déjà en grande section, un grillage séparait nos deux cours de récréation. Dès que la cloche sonnait, on se retrouvait là. Je nous revois, agrippés chacun de son côté jusqu'à ce que vienne l'heure de retourner en classe.

*

* *

Pour mes parents, le sport fait partie de la vie. On mange, on dort, on travaille et on fait du sport, c'est comme ça. Mon père, qui a pratiqué le handball en nationale 3, jouait arrière gauche dans l'équipe de Vaulx-en-Velin. Désormais, il entraîne l'équipe de Meximieux, un village à quelques kilomètres de chez nous. Ma mère, hollandaise, a longtemps joué au badminton. Le sport, c'est une valeur incontournable, un impératif d'équilibre et de bonne santé. C'est aussi le seul loisir de mes parents, employé de banque à la BNP et assistante maternelle – après notre naissance, ma mère a laissé tomber son métier de secrétaire quadrilingue à l'office de tourisme de Meximieux pour devenir nounou et élever des enfants, les siens et ceux des autres. Je suppose qu'elle a aussi besoin de se sentir aimée par d'autres que mon père ou ses propres enfants.

Mon père nous filme, tout le temps. À la maison ou en vacances, il fixe notre enfance sur des dizaines de cassettes vidéo qu'on visionne, encore et encore, serrés sur le canapé du salon. Sur l'une d'entre elles, j'ai quatre ou cinq ans. Mes parents nous emmènent voir les inondations qui ont submergé les champs autour de chez nous. Je demande à ma mère de m'aider à mettre mes mains glacées dans les poches de mon manteau pour les réchauffer. Je les retire presque immédiatement pour me remettre à courir. Déjà, je n'en fais qu'à ma tête. Et tant pis si je change d'avis, d'un instant à l'autre.

Sur un autre de ces films, j'ai onze ou douze ans. On me voit regarder la télé assise sur le canapé du salon. Je tète encore mon pouce, malgré le vernis amer que ma mère étale sur mes ongles pour m'en empêcher. Ce pouce ! Je l'ai sucé jusqu'à mes treize ans, il m'a valu un appareil dentaire pendant quatre ans, avec des bagues qui font mal, reliées par des élastiques qu'il faut porter la nuit. Sur la vidéo, je vois ma mère qui s'approche, me demande de retirer ce pouce de ma bouche. Une fois. Deux fois. Trois fois, peut-être. Comme je n'obéis pas, elle finit par me donner une tape. Avec le recul, voir ma mère me frapper me met les larmes aux yeux, même si ce n'est rien, même si ce n'est pas bien grave. Depuis que je suis mère à mon tour, je suis à la fois plus sensible et plus indulgente.

*

* *

J'ai quatre ans quand Flo naît. C'est un bonheur, une vraie joie qu'on partage, mon frère aîné et moi. J'ai souvent demandé à ma mère de me donner une petite sœur pour Noël, mais la naissance de Flo est un cadeau. Je n'ai jamais été jalouse de mon petit frère. Je passe de longs moments à regarder ce petit bébé dans son berceau. J'aime déjà les enfants, les bébés. Un jour, mon père m'annonce qu'il va faire un tour de magie et transformer ce bébé de deux ou trois mois en escargot:

Bouche bée, je lui obéis lorsqu'il me demande de fermer les yeux, le temps qu'il escamote Florent et place un limaçon à sa place dans le berceau. Je suis tellement subjuguée que je n'ai même pas peur !

L'arrivée de Florent ne nous rend pas plus calmes. Tous les samedis soir, nous assistons en famille aux matchs de l'équipe de handball que mon père entraîne. Avec Nicolas, nous avons l'habitude de jouer à chat comme des malades dans le gymnase. Jusqu'au jour où je me fends le crâne en tombant de la poutre. On me rase une partie du cuir chevelu pour me le recoudre à vif, et j'ai encore plus mal que lors de la chute elle-même. Une autre fois, c'est Nicolas qui dégringole d'un arbre où il a grimpé : quinze points de suture à la cuisse pour refermer une plaie béante. Les arcades sourcilières ouvertes, on n'en tient plus le compte : c'est presque la routine. Avec nous, mes parents ont pris un abonnement aux urgences des hôpitaux lyonnais…

*

* *

Mes parents, Jean-Luc et Olga, sont stricts. Pas question de se lever de table sans autorisation, de se montrer insolent ou impoli. Et quand on dépasse les bornes, la fessée tombe. Je ne me rappelle pas en avoir pris une que je n'aurais pas méritée. Comme ce jour où nous sommes invités chez des amis de mes parents. Je joue avec leur fils à lancer des cailloux. Il a mon âge, le même genre de tempérament, on s'amuse bien ensemble. On fait un pari : c'est à celui de nous deux qui parviendra le premier à casser le pare-brise de la voiture de ses parents. Je gagne, et je ramasse en prime une engueulade magistrale, un sacré coup de pied aux fesses et une longue privation d'argent de poche.

*
*   *

Chaque été, nous partons en vacances au cap Fréhel, en Bretagne. C'est là que mes parents se sont rencontrés, au milieu des années 1970. Depuis, ils réservent d'une année sur l'autre un emplacement au camping – ma mère étant hollandaise, le camping fait partie de son ADN. Mes parents n'apprécient pas beaucoup la chaleur. Ce qu'ils aiment, ce sont les longues plages désertes, l'eau fraîche et tonifiante, le crachin breton, l'air iodé qui les change des monts de l'Ain où nous vivons toute l'année.

Pour Nicolas et moi, c'est le paradis. Nous aimons jouer des heures durant sur le sable, courir, nous battre et nous rouler dans les vagues comme des chiots, sauter dans l'eau et courir encore. Nous sommes infatigables, bourrés d'énergie. On doit porter des sandales en plastique à cause des vives qui se cachent et sur lesquelles il ne faut pas marcher. Je revois Nicolas, son épuisette à la main, partant pêcher des petits crabes pris au piège dans les trous d'eau entre les rochers. Au camping, nous avons deux tentes : Nicolas et moi en partageons une, tandis que mes parents dorment dans l'autre. Un matin, Nicolas me réveille pour me montrer l'énorme crapaud qu'il a déposé sur mon oreiller pendant que je dormais. Je ne sais pas s'il espère que je vais l'embrasser pour voir s'il se change en prince : je fais un bond à crever le double-toit. Mon amour pour les animaux a des limites.

Parfois je me demande à quoi aurait ressemblé ma vie si mes parents s'étaient rencontrés à la montagne. Est-ce que j'aurais dévalé les pentes à skis, enchaîné les virages en slalomant ? Est-ce que j'aurais été championne de parapente ou d'escalade ? Je n'en saurai jamais rien. Ce qui est sûr, c'est que tout a commencé à cause du cap Fréhel. Pour mes parents, nous apprendre à nager est un impératif de sécurité. Sauf qu'ils ne sont pas spécialement doués pour la natation : mon père n'est pas un nageur, ma mère ne raffole pas de mettre la tête sous l'eau et ne s'aventure que rarement au bord d'un bassin. Alors, de retour de vacances, ils décident de nous inscrire, Nicolas et moi, aux cours de natation de la piscine d'Ambérieu, l'un de ces tournesols en plastique percés de grands hublots ronds qui ont poussé un peu partout en

France dans les années 1970 et 1980. Aux beaux jours, le toit s'ouvre comme un fromage pour laisser entrer le soleil. Nous avons quatre ou cinq ans, et nous ignorons encore que nous venons de prendre un abonnement longue durée.

*
*   *

J'ai peu de souvenirs de ma petite enfance. J'ai parfois du mal à me remémorer les événements, les visages, les noms. Ça se mélange dans ma tête, comme si le temps passé dans l'eau chlorée avait délavé mes souvenirs. Mais je me rappelle très clairement que mon frère et moi avons détesté ça. La piscine, l'ambiance du club, les entraînements : tout.

Avec Nicolas, nous repoussons toujours le moment de nous mettre à l'eau. On se cache dans les vestiaires, on traîne sous les douches, on met un temps fou à enfiler nos maillots, nos lunettes, à faire des glissades sur les bancs en ciment mouillés et, quand on finit par se retrouver dans le bassin, on reste cramponnés à l'échelle, ventousés au carrelage pour ne pas y aller. Ce n'est pas que nous n'aimons pas l'eau. Au contraire : nous sommes des animaux amphibies, capables de passer des heures dans une piscine pourvu qu'on nous laisse jouer, sauter, faire la course. Gamins, Nicolas, Florent et moi, on fait nos vies dans l'eau. Tous les dimanches matin, de 9 heures à midi, mon père nous emmène à la piscine pour chahuter, et c'est la fête. Je crois qu'il aime ces moments où il a ses enfants pour lui tout seul. Je crois qu'il est heureux. L'été, au moment de décider dans quel camping nous passerons les grandes vacances, nos critères de choix sont simples et constants : une grande piscine, sinon rien. Pas pour enchaîner les longueurs ou améliorer nos temps, mais pour nous amuser à n'en plus finir, sauter, nous couler, faire la bombe ou la chenille douze heures par jour jusqu'à en avoir les pieds palmés et la peau des mains fripée comme une vieille crêpe. Mais les entraînements, c'est autre chose…

Avec Nicolas, nous sommes un peu à part. Sauvages. Notre timidité nous met à l'écart. Les autres enfants sont ceux des membres du club de natation, tout le monde connaît tout le monde, sauf nous. Mes parents n'ont pas d'amis au club. Ma mère, peut-être parce qu'elle est hollandaise, ne se lie pas avec les autres mamans. Elle reste là, dans les gradins, à broder ou à noter nos performances sur l'un de ses fameux petits carnets à spirale – elle en noircira des dizaines – qu'elle a rangés dans un carton stocké à Loyes. Elle fait ça pour nous, pour garder la mémoire de nos temps, pour plus tard. Les gens la regardent faire, ils la croient hautaine, alors qu'elle n'est que timide.

Au bord du bassin, il y a un tableau noir sur lequel l'entraîneur inscrit les horaires des séances, le détail des entraînements, ce genre de choses. Au dos, les autres gamins ont dessiné Dumbo l'éléphant, une vilaine caricature pour se moquer des oreilles décollées de mon frère. C'est méchant, cruel, très dur pour des petits comme nous. Je ne sais pas si mes parents l'ont su. Ce qui est certain, c'est qu'on ne leur en a jamais parlé. Ces choses-là, chez moi, on les garde pour soi.

Quand on n'est pas obligé de nous séparer parce qu'on se castagne jusque dans les lignes d'eau, Nicolas et moi nageons mieux et plus vite que les autres gamins. Sans forcer, au rythme de quatre séances par semaine quand les autres s'entraînent quasiment tous les jours. Notre cote de popularité ne monte pas quand, malgré notre peu d'enthousiasme pour l'entraînement et notre tendance à la triche pour gratter quelques longueurs, nous battons régulièrement les autres enfants à la course.

À six ou sept ans, j'accepte enfin de mettre la tête sous l'eau, apprenant à m'enrouler autour d'une ligne. Comme ma mère, j'avais peur de m'enfoncer sous le liquide, peur peut-être de la noyade, de l'eau qui s'introduit par les narines, les oreilles, les yeux. C'est l'âge auquel je commence la compétition, entre petits nageurs du club. Ça s'appelle la « coupe des minots », je ne sais plus ce qu'on gagnait mais ça me plaisait. Gagner. Être la première. Et quand je n'y arrivais pas, je pleurais.

La piscine devient ma deuxième maison. Dès l'âge de sept ans, mon frère et moi nous entraînons deux fois par semaine. On ne se pose même pas la question de savoir si on a envie d'y aller, si on a le choix ou pas. On y va, c'est tout. Comme pour l'école, c'est normal et ça ne se discute pas. D'ailleurs, on ne se plaint pas. Sans doute mes parents n'auraient-ils pas insisté si nous n'avions pas montré de dispositions naturelles. Mais en étant flemmards, sans faire d'efforts, sans forcer, on obtenait des résultats. Ça valait le coup de persévérer.

Pourtant, j'essaye aussi le judo, comme mon frère. Mais, dès la première séance, il me fait une prise et je m'écrase à terre. Humiliée, vexée, je ne remettrai pas les pieds au dojo. À huit ou neuf ans, je tente la danse, du rock'n roll – je ne suis pas du genre princesse en chaussons et tutu roses. Ça ne dure pas, pas plus que le handball – ambidextre, je ne sais jamais quel est mon pied d'appui ni avec quelle main renvoyer la balle – ou l'athlétisme, que j'arrête après une glissade au saut en longueur, un jour de pluie, qui se termine brutalement sur le coccyx et une douleur fulgurante. Au moins, à la natation, on limite les risques de se blesser.

Alors je continue à nager. Mes parents nous accompagnent partout. Maintenant que je suis maman à mon tour, je mesure mieux les sacrifices de ma mère, qui a fait le taxi pendant toutes ces années pour nous accompagner partout, tous les soirs, à la piscine, au judo, au gymnase…

*

* *

Je n'ai jamais été très studieuse. À l'école, je suis là sans être là. Je m'ennuie vite. Je déteste apprendre par cœur, l'histoire, la géographie… Ma vie est ailleurs. Dehors. Dans la petite cour où je joue aux billes, à 1,2,3, soleil !, aux osselets, à l'élastique ou à la corde à sauter, cette corde dont les poignées sont équipées d'un compte-tours qu'on fait tourner à vide pour tricher. J'ai une copine, Élodie. Un soir, en rentrant de l'école, je file directement chez elle pour aller manger des groseilles dans son jardin. J'ai sept ans, mes parents, affolés, me cherchent partout pendant des heures. Vers 19 heures, on finit par nous découvrir, tranquillement installées au jardin, la bouche remplie de fruits rouges.

Au collège, c'est pire. Je ne suis pas à l'aise avec les autres. Je ne sais pas quoi leur dire. Je ne ressemble pas à ces filles qui discutent maquillage et coiffure pendant des heures. Je m'installe dans le fond de la classe avec mes deux copines, Aline et Estelle, et on papote. Aline est toute menue, elle fait de la gym. Estelle est pompier volontaire.

Toutes les trois, nous nous sentons différentes, à part. C'est le sport qui nous réunit, l'expérience d'une discipline exigeante, dure, accaparante. Quand elles ne sont pas là, je ne parle à personne, je ne mange pas à la cantine, je m'assieds dans un coin en attendant que le temps passe, en espérant que personne ne viendra m'aborder. J'ai peur qu'on ne m'aime pas, qu'on me juge. Je sais que je ne suis pas dans le moule et je redoute le regard des autres. Ça m'arrange d'être née le même jour que mon frère : au moment de fêter notre anniversaire, on n'organise pas de grande boum avec plein de copains. On invite chacun deux amis qui restent dormir à la maison. Ça tombe bien, en dehors d'Aline et d'Estelle, je n'ai pas de copines.

Je ne suis pas un cancre : j'ai toujours obtenu une honnête moyenne, 11 ou 12, de quoi rester à flot, sans forcer. Fidèle à moi-même… J'ai la tête ailleurs, mais je ne sèche jamais les cours. Pour quoi faire ? Aller où, alors qu'il n'y a même pas un troquet en vue ? Et puis ma mère vient me chercher tous les soirs à la sortie des cours pour m'emmener à la piscine.

En revanche, je triche pas mal : je garnis ma trousse de « pompes », je repeins mes doubles décimètres au blanco pour y graver mes antisèches. Ça ne suffit pas toujours. Alors je deviens faussaire : j'imite la signature de mes parents au bas des contrôles ratés. Tant pis si je me fais attraper après la remise des bulletins trimestriels, mieux vaut me faire engueuler une bonne fois par trimestre que toutes les semaines. À l'école, je n'aime que le dessin, l'anglais et le français, pour les dictées. Le sport aussi, même si pas une fois de toute ma scolarité la piscine n'est inscrite au programme de ma classe. Tout le reste me fait crever d'ennui, j'ai le sentiment que ça ne me sert à rien.

À chaque rentrée, au moment de remplir les fiches où les professeurs nous demandent quel métier on rêve d'exercer plus tard, j'écris « professeur d'EPS[1] ». Jusqu'à ce que je comprenne qu'il me faudrait suivre des études et être bonne partout pour intégrer cette voie. Alors je décide d'aller au plus simple et d'inscrire « nageuse professionnelle ». Même si ça n'existe pas, même si ça ne veut rien dire, « nageuse professionnelle »... C'est tellement prétentieux ! Il y a beaucoup d'enfants de mon niveau, à l'époque. Beaucoup qui auraient pu réussir. Ce qui a fait la différence, c'est qu'au moment où ils ont choisi l'école, moi, j'ai choisi de nager.

*

*   *

Au collège, Nicolas en a assez que je lui colle aux fesses, il veut pouvoir traîner avec ses copains

---

1. Éducation physique et sportive.

sans avoir cette petite sœur sur le dos. À la maison, chacun a maintenant sa chambre. J'ai récupéré celle de mes parents, qui ont fait des travaux d'agrandissement dans la maison. Je suis contente, je peux y faire ce que je veux sans avoir mon frère après moi, à toujours vouloir me surveiller, me cuisiner sur mes copines, tout savoir. Comme on est trois, il y a tout le temps des alliances dans la fratrie. Mais Nico se débrouille à tous les coups pour être avec Flo ou moi, jamais seul contre les deux autres. Flo et moi, on n'arrive pas à s'allier contre lui. Il est trop fort pour nous !

J'ai un lit très bas, une couette orange, mes quelques posters de Roxana Maracineanu aux murs, un gros bureau en bois identique à celui de mon frère, pour faire mes devoirs, mes dessins et les travaux manuels auxquels ma mère m'a initiée. Je ne suis pas une rebelle ; pourtant, j'y laisse traîner un jour un travail inachevé au dos duquel, dans un moment d'énervement, j'ai écrit : « Maman grosse conne »... Pour que ça sorte, parce que je pensais qu'elle ne le verrait pas et que ça me ferait du bien de l'extérioriser. Ce jour-là, je prends une bonne claque et je reste assise devant mon bureau, tête baissée, à fixer le plateau pendant ce qui me semble alors des heures.

On n'est pas très complices, elle et moi. La première fois que je me rase sous les bras, je le fais en cachette, dans les toilettes, pour ne pas qu'elle le voie. Quand j'ai mes premières règles, on n'en parle pas. Je ne lui raconte pas mes histoires de cœur avec mes petits copains de colo. On fait beaucoup de choses en famille, mais jamais toutes les deux, rien qu'elle et moi.

Je me sens plus proche de mon père. Nous avons un rituel, mes frères et moi : le soir, on s'installe sur le canapé devant un épisode des *Looney Tunes*, notre dessin animé préféré. Et, chacun son tour, nous tendons notre poignet à papa, qui nous grattouille du bout des doigts la peau fine à l'intérieur de l'avant-bras. Avec Nicolas, du temps où nous partagions la même chambre, meublée de lits superposés – lui en haut et moi en bas, c'était lui le « patron » –, nous avions le même rituel : le soir, au moment de s'endormir, il laissait pendre son bras pour que je le chatouille, promettant d'échanger ensuite. Naturellement, il s'endormait toujours avant qu'on inverse les rôles. Ce geste, c'est comme un doudou. Encore aujourd'hui, quand nous rentrons chez mes parents, nous réclamons nos grattouilles. C'est la seule marque de tendresse et d'affection dont je me souvienne. Nos parents nous aiment, mais ils ne le disent pas, le montrent à peine. Ils ont une pudeur de ces choses-là, qui leur vient sans doute de leur éducation. On ne se dit pas « je t'aime », on ne se prend pas dans les bras. Mais il y a la grattouille.

Mes parents ne roulent pas sur l'or, on ne va pas souvent au restaurant ni au cinéma, mais on vit bien. On part en famille un mois par an, au camping et parfois en Hollande. Pour aller voir ma grand-mère à Rotterdam, il faut faire dix heures de voiture et c'est long. Alors on n'y va qu'une ou deux fois par an et on n'y reste jamais très longtemps. Mais j'adore la Hollande, où l'on visite des zoos ou des petites fermes pleines d'animaux, des piscines remplies de toboggans géants jaunes et de jeux pour enfants. Dans un parc animalier, un morse me crache dessus. Un autre jour, c'est un lama. J'adore les animaux, depuis toujours : je ne suis pas rancunière ! Ils m'enchantent. J'ai envie de les prendre dans mes bras, de les protéger, de jouer avec eux. On va dans un zoo où de petits singes en liberté s'amusent à sauter autour de nous. L'un d'entre eux s'installe carrément dans la poussette de mon frère Florent, encore bébé. Un jour, je prends mon petit vélo pour aller me balader. Je dois avoir cinq ans, mais je pars à l'aventure, et on finit par me retrouver à deux kilomètres de chez ma grand-mère. De ces séjours à Rotterdam, je garde aussi le souvenir des maisons traditionnelles bien alignées les unes contre les autres, avec leur curieuse rangée de fleurs que les habitants font pousser entre la vitre et le rideau, juste pour les yeux des passants.

Le reste des vacances, Nicolas et moi partons en colo pour faire du ski, du rafting, du canoë, du chien de traîneau l'hiver… On a un rituel : on épluche le catalogue des colos de la BNP, où travaille mon père, pour choisir le cadre de nos futurs exploits, en espérant y retrouver les copains de l'année d'avant. Comme tous les gosses, à partir de dix ou douze ans, j'ai quelques amourettes. L'un de ces petits copains savait que je collectionnais les cartes postales de chats. Il m'en avait envoyé une après les vacances, pour m'annoncer qu'il avait dû subir une intervention chirurgicale. Il tenait absolument à me rassurer : « Je me suis fait opérer des testicules, mais ne t'inquiète pas, je pourrai quand même avoir des bébés. » Comme s'il avait deviné à quel point j'aurais, plus tard, envie d'avoir un bébé. J'ai retrouvé sa carte, elle m'a fait sourire et m'a émue à la fois. J'ai aussi recroisé Julie, une copine de ces années-là. On ne s'était pas vues depuis quinze ans, mais c'était comme si le temps s'était évanoui.

On va aussi parfois chez ma grand-mère paternelle, qui n'est pas vraiment ma grand-mère mais la compagne de mon grand-père décédé. Ma « belle grand-mère », en somme. Je n'ai jamais bien compris s'ils s'aimaient ou s'ils avaient lié leurs solitudes pour partager une compagnie. Elle vit en Corrèze, à Lafage-sur-Sombre. Il y a une grange, où l'on fait des siestes dans la paille. Et puis un tracteur qui nous semble énorme. Des chats, des lapins, et le vieux poêle qui ronfle dans la maison. C'est perdu, paumé. Le boulanger vient avec sa camionnette, il annonce son arrivée d'un coup de klaxon. Le passage du facteur, c'est l'événement de la journée. J'y suis retournée, il y a quatre ou cinq ans, avant la naissance de Manon, ma fille. C'est un bout du monde merveilleux pour se ressourcer, mais il faut faire un demi-kilomètre pour avoir du réseau ! Je suis devenue trop accro à mon téléphone pour supporter ça très longtemps.

Je n'ai jamais rêvé d'une autre enfance.

– 2 –

Barbara

Enfant, j'ai deux vies. L'école, où je m'ennuie. Et la piscine, où je m'ennuie aussi. Avec mon premier entraîneur, Lionel Mougeot, les choses se passent pourtant bien. Il est gentil, patient. Il ne se formalise pas de notre mauvaise volonté, à Nicolas et moi, qui multiplions pourtant les manœuvres pour retarder l'heure de nous mettre à l'eau. Avec lui, je participe à mes premières coupes des minots, où je découvre la joie de gagner et l'humiliation de la défaite. Quand je monte sur le podium, je parade ensuite pendant toute la journée avec ma médaille autour du cou. Je me contenterais bien des compétitions, mais il paraît qu'il faut s'entraîner.

Moi, je préfère rester dehors à grimper aux arbres plutôt que d'aller m'enfermer là-dedans pour nager. Pourtant, je ne peux pas dire que mes parents nous forcent à y aller. Ils ne sont pas de ceux qui poussent leurs enfants à accomplir les rêves de gloire qu'ils n'ont pas pu réaliser. Mais je me souviens qu'ils m'encouragent à continuer, malgré l'ennui que représentent ces séances hebdomadaires, qui deviendront vite quasi quotidiennes. Parce que voilà : Nicolas et moi nous révélons très vite bons nageurs. Très bons nageurs, même. Ça peut paraître prétentieux de dire ça, mais en réalité je n'en tire aucune fierté particulière. C'est comme ça, c'est tout.

Je progresse et je passe dans le groupe supérieur. Changement de régime. Ça se dégrade nettement. Ça devient même l'horreur. L'entraîneur, Gérard, entraîne aussi sa fille, Barbara, qui a mon âge. Elle est tout ce que je ne suis pas. Tout le club l'adore, la chouchoute, s'extasie dès qu'elle ouvre la bouche, qu'elle met un orteil dans l'eau, qu'elle bat des cils. C'est la petite princesse chérie, quand je me sens vilain petit canard. Moi, je finis régulièrement derrière elle, et ça me met dans une rage… J'en pleure. Je pleure de ne pas être à sa place à elle, la chérie, qui est copine avec tout le monde, que tout le monde adore et couvre d'attentions alors que, à mon frère et à moi, on nous adresse à peine la parole. Aujourd'hui encore, lorsque je vais à la piscine d'Ambérieu et que je croise tous ces gens, on ne se salue pas. Ils ont été tellement méchants, tellement injustes. On n'était que des gosses, des gamins !

Gérard passe son temps à nous gueuler dessus. Il ne doit pas vraiment apprécier que je me rapproche, lentement mais sûrement, des temps de sa fille. Il voit que je la talonne, alors qu'il sait mieux que quiconque que je prends l'entraînement pardessus la jambe et que je continue à lambiner dans les vestiaires pour retarder le moment de plonger. Il sait très bien que j'ai un potentiel et que, pour le moment, je me contente du service minimum. Mes frères et moi, on peut se permettre de travailler moins que les autres, ça ne nous empêche pas d'avoir de meilleurs temps que la plupart des nageurs. C'est injuste. Ça énerve tout le monde, forcément.

Alors m'encourager, me pousser à travailler au risque de me voir battre sa fille, ça ne doit pas être facile pour Gérard. Mais sur le long terme, son attitude produit l'effet inverse. Sa dureté me galvanise. À force de me dire que je suis nulle, il fait grandir en moi, sans le savoir, une volonté indestructible. Il me force à me surpasser pour lui prouver que je suis à la hauteur de sa princesse. J'ai tellement la rage ! Je veux tellement la dépasser, être à sa place sur le podium. Pour ce petit moment de gloire au moment de toucher le mur, cette explosion de pure jubilation après avoir laissé monter la satisfaction de distancer mes adversaires, je suis prête à donner n'importe quoi. Mais quand je n'y parviens pas… Je ne supporte pas que Barbara me batte, et je ne supporte pas d'être battue par elle. D'une manière générale, je déteste perdre. Finir deuxième, c'est la garantie d'éclater en sanglots. Qu'est-ce que j'ai pu pleurer, une médaille d'argent autour du cou ! À tel point qu'à douze ans, écœurée, j'arrête tout. Fini la natation.

Puisque je ne nage plus, et quand je ne suis pas dehors à faire du vélo le long des champs où pâturent chèvres et chevaux, quand je ne grimpe pas aux arbres avec mes frères, je brode et je peins. Comme ma mère, que j'ai toujours vue s'absorber dans les travaux manuels, travaux d'aiguille ou de bricolage qui traînent partout dans la maison. À Noël, elle vend sur le marché les cartes de vœux qu'elle fabrique. Toute petite, elle m'apprend à broder mon nom, pour le suspendre à la porte de ma chambre. Pour Noël, les anniversaires, je reçois souvent de grandes boîtes de crayons, d'aquarelles, du matériel pour peindre et dessiner. J'aime ça, me plonger dans ces activités qui me vident la tête et conviennent à mon tempérament solitaire, à cette façon que j'ai de m'absenter de moi-même. Mais, pour ça comme pour le reste, je ne suis pas persévérante. Si ça ne me plaît pas, si le résultat n'est pas conforme à mes espérances, je déchire tout. J'ai beaucoup déchiré dans ma vie, pas seulement du papier. Je ne suis pas bosseuse, pas patiente.

Pendant un an et demi, je ne fréquente plus la piscine que pour aller voir mon frère en compétition. Finalement, je craque. L'adrénaline de la victoire me manque trop, j'ai envie de nouveau d'être à sa place. J'ai envie de gagner. Gérard fait une erreur avec Barbara : il la soumet à des séances de musculation bien trop intensives pour son jeune âge. Sa croissance s'arrête, elle ne grandit plus. Et moi, je pousse comme une herbe folle.

Un jour arrive où je la bats. Pendant une course, un quatre cents mètres quatre nages qui se déroule à Oyonnax, elle perd pied, se laisse distancer, et moi je suis loin devant. Son père se met à siffler à mon rythme au lieu du sien… Je suis sélectionnée, et pas elle. Voilà, c'est fait, j'ai supplanté Barbara. J'ai prouvé que ça n'est pas elle la meilleure. La meilleure, c'est moi.

Finalement, Barbara a arrêté la natation. Je n'ai aucune idée de ce qu'elle est devenue. Elle et son père ne s'en doutent pas, mais je crois que je leur dois la carrière que j'ai eue. C'est contre eux que j'ai aiguisé l'acier de mon ambition. C'est pour les vaincre que j'ai découvert en moi la détermination qui allait me permettre de prétendre à un rêve : les jeux Olympiques.

– 3 –

MELUN

Je n'ai pas nagé depuis un an et demi quand je reprends la compétition. C'est plus fort que moi. À force d'aller voir Nicolas s'aligner sur les plots le dimanche, je me rends compte que ça me manque. Je n'ai rien éprouvé, depuis, de plus grisant que cette décharge de pur bonheur quand je gagne l'or. L'or ou rien. Les journaux en feront leurs gros titres : « L'or Manaudou », comme si mon prénom me prédestinait à la victoire. Oui, je suis faite pour gagner, j'en suis déjà convaincue. Quand je reprends le chemin de la piscine d'Ambérieu, j'ignore encore que quelqu'un observe, de loin, mes premières performances.

J'ai treize ans la première fois que je croise Philippe Lucas. Ou plutôt qu'il me croise, car moi, tout entière tendue vers mes objectifs, je ne le remarque pas. Il me repère aux championnats de France seniors d'avril 2000, à Rennes. Puis il me revoit à Sarcelles, et enfin à Chamalières, un an plus tard.

On est en avril 2001. J'ai quatorze ans et demi. Je viens de monter sur la deuxième marche du podium des championnats de France en grand bassin. Je n'ai pas encore une grande habitude des compétitions seniors, moi, la cadette, mais j'ai déjà une médaille d'argent en sautoir pour le cent mètres dos. Pourtant je boude. Je suis arrivée derrière Roxana Maracineanu. Roxana, c'est mon modèle, l'idole de mes onze ans à qui j'écrivais, petite fille, pour comparer nos temps aux mêmes âges. Une championne dont j'épinglais les posters, à peine deux ou trois ans plus tôt, aux murs de ma chambre d'enfant. Une nageuse très forte, vice-championne olympique du deux cents mètres dos, détentrice de plusieurs titres de championne du monde en dos. Et je fais vraiment la gueule, parce qu'elle m'a battue, moi, la gamine inconnue, la débutante qui devrais pourtant exulter de me tenir si près de cette icône qui règne alors sur la natation française. Pour cette moue de sale gosse, Lucas braque son viseur sur moi. En juillet de la même année, je finis les championnats du monde juniors, à Malte, avec deux médailles d'argent sur cinquante et cent mètres dos. Lucas est fixé. Son choix est fait.

Pour moi, il n'est de toute façon pas question de rester à Ambérieu. Le petit bassin ne convient plus ni à mes ambitions ni à mes performances. Mes relations orageuses avec Gérard pèsent sur mes résultats. La piscine ne dispose pas d'une salle de musculation. Le lycée ne me propose pas d'horaires aménagés. Soit j'arrête tout, soit je passe à la vitesse supérieure. Je veux nager plus, et mieux. J'ai bien reçu une proposition d'une université américaine, mais la distance nous fait peur, à mes parents comme à moi. Ça sera Chalon-sur-Saône.

Tout est déjà organisé pour la rentrée de septembre : je suis inscrite en internat au lycée où j'intégrerai une seconde générale, je m'entraînerai au club de natation où nage déjà Béatrice Caslaru, qui est alors vice-championne du monde du deux cents mètres quatre nages. Je sens qu'elle ne m'aime pas beaucoup, Béatrice : on nage sur les mêmes épreuves, je me rapproche de ses meilleurs temps, j'ai tout à prouver alors qu'elle a déjà vingt-cinq ans et voit sûrement d'un œil méfiant débarquer une jeunette prête à marcher sur ses plates-bandes. Je perçois son hostilité, et l'hostilité j'en ai eu plus que ma dose à Ambérieu. J'irai à Chalon faute de mieux, sans déborder d'enthousiasme.

Dans l'avion qui me ramène de Malte, je n'arrête pas d'y penser. La rentrée prochaine, loin de mes frères, loin de mes parents. Un nouveau lycée, où je devrai essayer de me faire des copines. J'ai peur de ne pas y arriver. Je préfère rêver aux vacances, au camping de Manosque où nous irons planter nos tentes, à nos jeux dans l'eau de la grande piscine. Je ne sais pas encore que Philippe Lucas a appelé chez moi. Qu'il a parlé à ma mère, l'a convaincue de joindre mon père sur le chemin de l'aéroport, en route pour venir me chercher. Qu'il a persuadé mon père de faire un crochet sur le trajet du retour pour le rencontrer et entendre ce qu'il veut nous dire.

Alors nous faisons le détour par ce restaurant de la forêt de Fontainebleau, pas très loin de sa chère ville de Melun, où il nous invite à déjeuner. Il faut imaginer ce mec, avec ses cheveux longs décolorés, son look de Johnny à deux balles et sa quincaillerie autour du cou et des poignets. Pas exactement le genre de gars qu'on croise à tous les coins de rue. Pas exactement le genre de gars à qui l'on confierait sa fille adolescente les yeux fermés. Surtout qu'à l'époque, il n'a pas encore vraiment de palmarès. Seulement des convictions et un caractère de cochon, comme moi. Il cherche la nageuse qui lui confirmera qu'il a bien fait de dédier sa vie à ce métier. Qui validera l'efficacité de sa méthode et transformera en or le plomb des efforts qu'il fournit depuis des années pour prouver qu'il est dans le vrai, que rien ne peut remplacer le travail, la sueur et les larmes pour faire d'un bon nageur un nageur d'exception. Discrètement, mon père avait déjà pris ses renseignements sur ce Lucas qui s'intéresse de plus en plus ouvertement à moi. Mais il le laisse venir et développer ses arguments.

Il faut croire que, ce jour-là, Philippe a su trouver les mots. Je me souviens à peine de cette conversation, seulement d'avoir été impressionnée par ses muscles, apparents sous les larges mailles de son éternel débardeur à trous. Je me revois, timide, n'osant rien dire. Après manger, il nous emmène visiter les installations de la piscine de Melun, le petit bain de vingt-cinq mètres, le grand bassin extérieur de cinquante mètres, la salle de musculation toute neuve. Il parle des nageurs qu'il entraîne, des titres individuels et par équipe remportés par son groupe de filles. Ses résultats font déjà un peu de bruit dans le milieu de la natation. Il a un bagou d'enfer, sait ce qu'il veut et ne lâche jamais le morceau. Il est convaincu, et surtout convaincant. Et moi, je rêve d'or.

Au restaurant, Philippe profite d'un instant où je me suis absentée pour promettre à mon père que, s'il me laisse m'entraîner avec lui, je serai au sommet de l'Olympe dans trois ans : « Votre fille, c'est un cheval de course. Avec moi, elle sera championne olympique à Athènes. » S'il l'avait dit devant moi, je n'y serais pas allée. Même si c'est déjà mon rêve absolu, même si c'est mon but, que j'y crois au plus profond de mon âme et que j'ai l'inconscience de le claironner devant les journalistes, je n'aurais pas supporté de savoir qu'un autre avait les mêmes attentes. Philippe et moi, on se fixe le même objectif, mais porter le poids de ses ambitions aurait été trop lourd pour moi. Le stress m'aurait carbonisée. Mais je ne l'entends pas, et sa présence, son assurance suffisent à me décider. Mon père et moi tombons d'accord : j'irai à Melun.

*
* *

Il n'y a pas d'internat au lycée Joliot-Curie de Dammarie-les-Lys, où je dois suivre ma scolarité. Philippe propose donc que j'habite chez lui. Pour m'accueillir, lui et sa compagne, la nageuse Julia Reggiani, ont emmenagé dans une grande maison. Je crois que ce choix rassure mes parents, qui préfèrent me savoir hébergée au sein d'un foyer plutôt que lâchée, seule, dans une ville inconnue. Je connais un nageur de la sélection junior de l'équipe de France qui habite un village voisin, c'est idiot mais le savoir à proximité me réconforte. Même si, finalement, il ne viendra me voir qu'une fois.

*
* *

Je déménage le week-end qui précède la rentrée des classes. Mes parents ont tout arrangé avec Philippe. Le samedi, ils m'accompagnent. Dans une camionnette, ils ont empilé toutes mes affaires, mes vêtements, mon lit, ma table de nuit, mon bureau de bois, tout mon petit monde. Et surtout, luxe suprême, une petite télé rien que pour moi. Pour la première fois de ma vie, je vais avoir la télé dans ma chambre ! Mes frères sont venus aussi, bien sûr. Nicolas, qui me voit quitter le nid avec une pointe d'envie, lui qui rêve de voler de ses propres ailes et ne tardera pas à quitter la maison à son tour. Et Florent, encore gamin, qui va bientôt se retrouver fils unique, gros bébé à chouchouter pour ma mère, dont c'est le petit dernier et pour lequel elle a, il faut bien le dire, un léger faible et l'indulgence qu'on réserve aux benjamins. Le week-end passe vite et, le dimanche soir, on s'embrasse et on se sépare. Ma nouvelle vie commence. Si mes parents sont émus, ils ne le montrent pas. Moi non plus, même si j'ai une boule dans la gorge.

Me voilà seule chez cet inconnu que je n'ai vu qu'une fois et qui va prendre mon destin en main. Il faut que je sois sacrément motivée par mon objectif pour me retrouver dans cette situation un peu étrange. Assise seule sur le canapé du salon de Philippe et Julia, sous la surveillance de Nikos, un énorme bullmastiff de quatre-vingts kilos qui ne me lâche pas des yeux, je ne suis pas très sereine, je n'ose pas bouger un muscle, c'est à peine si je m'autorise à respirer ou à me lever pour rejoindre ma chambre, avec sa salle de bains privée et sa baignoire. La maison est grande, deux étages, un jardin qui en fait le tour, dans une rue pavillonnaire mignonne et tranquille de Melun, avec ses bâtisses en meulière et des arbres qui dépassent des murs d'enceinte. Tout au bout de la rue, il y a la Seine. La piscine se trouve à vingt minutes de marche, le lycée à cinq minutes en voiture.

Les premiers jours, comme par un fait exprès, je souffre d'un orgelet qui m'empêche de me mettre à l'eau. Philippe soupire : « Ça commence bien… » J'assiste aux premiers entraînements au bord du bassin extérieur, où s'entraîne le groupe de nageuses de Philippe, une vingtaine de filles plus âgées que moi. Le temps de prendre mes marques, et surtout la mesure de ce qui m'attend. Me faire à l'idée que c'est ça, ma vie, à présent : nager douze à seize kilomètres par jour. Trois à quatre fois ce que je faisais jusque-là. Jamais je ne me suis entraînée aussi dur, d'une manière aussi structurée, avec des moments de récupération, des séances de musculation. Jamais je n'ai eu à donner autant, moi qui n'aime pas m'entraîner.

Il me faut bien ces quelques jours pour encaisser la nouvelle. Je comprends que je vais en baver. Mais je suis là pour ça. Pour nager huit kilomètres, deux fois par jour, six jours sur sept. Si j'avais su à quel point ça serait dur, j'aurais eu peur. Et j'aurais eu raison. Parce que c'était dingue.

Les filles savent bien que ça sera difficile pour moi, la benjamine, la gamine à peine dégrossie avec ses petits boutons sur le front et son appareil dentaire. Je dois me lever à 5 h 15 du matin pour aller m'entraîner avant l'école. Philippe frappe doucement à la porte de ma chambre, puis de plus en plus fort, car j'ai du mal à sortir de mon lit. À 5 h 30, on monte dans la voiture en silence, dans la nuit qui s'achève. On roule sans un mot, avant de grimper les quelques marches qui mènent au bâtiment en briques marron. Je suis dans l'eau à 6 heures, été comme hiver, dans le bassin extérieur de cinquante mètres auquel on accède par un sas relié aux vestiaires. Je n'ai aucune raison de me plaindre : je suis là où je voulais être, je fais ce que je voulais faire.

À l'entraînement, je sens mes pensées se défaire dans l'eau chlorée. Si je dois nager mille mètres le plus rapidement possible, je me perds vite dans les comptes. Parfois, j'ai comme un sursaut et je me demande à quoi j'ai bien pu penser les derniers deux cents mètres. Souvent, mes rêves de la nuit reviennent me visiter, dans un état de semi-conscience. Comme si je reprenais le fil du sommeil. Comme si je ne m'étais jamais complètement réveillée et que je me rendormais là, dans l'eau tiède, à l'abri de ce cocon liquide. Je suis un poisson dont les songes se diluent dans l'eau, un poisson rêveur, dont l'esprit se complaît à se laisser submerger par des pensées inconscientes ou futiles. Je pense à tout, à rien, surtout pas à la natation. « Qu'est-ce que je vais manger ce soir ? » ; « Et si j'allais faire les boutiques cet après-midi ? » Je sors de l'eau deux heures et demie plus tard. Je m'ébroue pour revenir à moi, je me sèche, je saute dans mon jean. Après un crochet par la boulangerie, Philippe me dépose au lycée, les cheveux encore humides.

Au bout d'un mois, j'en ai déjà marre. Au lycée, je ne connais personne. Je reste dans mon coin, et mon air farouche et boudeur dissuade quiconque aurait l'envie bizarre de m'adresser la parole. Je me sens seule, différente, avec mes journées à rallonge. Je me fous des cours, les profs m'ennuient, les élèves me font peur. Ils ont tous l'air tellement à l'aise, tellement cool. Et moi je suis là, avec mon appareil dentaire et mon mètre quatre-vingts dont je ne sais pas quoi faire, écroulée de fatigue à cause des entraînements, à faire de la figuration au fond de la classe en attendant le moment de retourner m'entraîner jusqu'à 21 heures… Tout ça me paraît inhumain, insurmontable, absurde. Comment étudier normalement ? Comment me faire des copines ? Comment pourraient-elles comprendre à quoi ressemble ma vie ? Et les profs, qui se fichent de savoir que je suis une fusée dans un bassin. Je sais que je ne pourrai pas tenir le rythme. Je n'ai déjà plus envie d'y aller, je commence à sécher les cours, pour la première fois de ma vie.

Si j'avais pu intégrer une filière sport études, j'aurais sans doute continué l'école. Si l'INSEP – Institut national du sport, de l'expertise et de la performance – avait eu de bons résultats en natation, j'y serais allée. Si ceci, si cela… Je ne me cherche pas d'excuse, je sais que je n'avais pas le choix. Car il n'y avait pas de sport études, et l'INSEP n'a jamais été au niveau dans ma discipline. Et chez Philippe, ma mère n'est pas derrière moi pour me surveiller et me rappeler à l'ordre, vérifier mes cahiers et me dire de faire mes devoirs. Je me retrouve à mon bureau ou dans un petit bureau de la piscine de Melun, avec mes cahiers, entre deux entraînements, et c'est trop. Philippe ne peut pas jouer les gardes-chiourme : il est déjà très dur dans l'eau, il ne va pas en plus m'engueuler en dehors des entraînements. Il comprend vite qu'il y a un problème : je fais la gueule, je suis triste, renfermée, éteinte.

Un soir, à la maison, il me demande ce qui ne va pas. Je vide mon sac : l'école, c'est pas pour moi. Je ne supporte plus d'y aller, je sens que je n'ai rien à y faire, je sais que je dois choisir : les podiums ou les diplômes.

Philippe m'écoute. Il me comprend d'autant mieux que lui non plus n'a pas fait long feu au lycée. Je ne peux pas continuer comme ça, c'est fou, impossible. Il me soutient auprès de mes parents, à qui on téléphone pour leur expliquer la situation. Philippe leur met le marché en main : soit on allège ma scolarité et je serai championne de France, c'est certain. Mais c'est tout. Soit on prend une décision plus radicale : j'arrête le lycée, quitte à prendre des cours par correspondance. La réussite est à ce prix. Mes parents tiquent : personne, en France, ne vit de la natation. Le pari de Lucas semble dingue, mais mon ambition l'est aussi.

Mes parents se laissent finalement fléchir. Au fond, ils sont conscients que je ne peux pas mener de front une carrière de sportive de haut niveau et une scolarité normale. Et ils ont vu beaucoup de jeunes se planter sur tous les tableaux en essayant de concilier les deux. Ma mère demande à ce que je finisse ma semaine de cours, dans un dernier effort un peu dérisoire. Le vendredi soir, je suis libre. Ça sera les podiums. Pourquoi mes parents acceptent de me voir abandonner l'école ?

Peut-être que, plus jeunes, ils ont dû renoncer à leurs rêves et qu'ils veulent me permettre de réaliser le mien. Et, quoi qu'il advienne, ils seront là pour moi, pour assurer mes arrières et me garantir un toit si ça tourne mal. Pour autant, leur choix n'est pas facile. Ils savent qu'autour d'eux on va jaser, désapprouver leur décision, se méprendre sur leur compte. Tant pis : ils assument, courageusement.

Je continue vaguement à prendre des cours d'anglais par correspondance, ça peut toujours servir : je m'installe dans le bureau de Philippe et je suce mon crayon en laissant vagabonder mes pensées, mais ça ne dure pas très longtemps. J'ai mieux à faire : je veux devenir championne olympique. Je le veux vraiment. Ce genre de rêve ne laisse pas beaucoup de place pour le reste. Penser à autre chose, à ce qu'on fera après ou si jamais on se plante, c'est déjà renoncer.

Chez Philippe, je prends doucement mes marques. Comme je ne vais plus en cours, après l'entraînement du matin et le crochet rituel pour m'acheter pain au chocolat, croissant ou chausson aux pommes, il me dépose à la maison ou en ville, où je me promène un peu – à Melun, on a vite fait le tour – avant de rentrer déjeuner. Je mange seule, ou avec Julia. Je joue avec les chiens, l'énorme bullmastiff, Nikos, qui devient vite mon copain et mon garde du corps, puis un dogue allemand que Philippe et Julia ont eu tout chiot mais qui doit déjà peser dans les trente-cinq kilos. De ma chambre au rez-de-chaussée, je l'entends aboyer toute la nuit dans la cuisine. Très vite, Philippe m'autorise à le garder avec moi et le chien se retrouve sur mon lit, où il prend évidemment toute la place. J'ai toujours vécu entourée d'animaux, mes parents ont eu des teckels, des chats… Un jour, je ramène une cage avec des hamsters russes, des machins poilus pas plus gros que des souris, qui ne servent à rien d'autre que faire du bruit et tout ronger. L'expérience n'est pas franchement une réussite, je me demande encore comment Philippe m'a laissée introduire chez lui un truc pareil !

L'après-midi, je regarde un peu la télé, je fais ma sieste et Philippe revient me chercher à 15 h 30, pour l'entraînement de l'après-midi : musculation de 16 h 30 à 17 h 30, puis je retourne nager jusqu'à 20 heures. Et enfin, la libération. Je rentre dîner, je m'affale devant la télé, je m'endors rompue de fatigue. Jusqu'à la sonnerie du réveil. Philippe vient taper à ma porte pour me sortir du lit. Et c'est reparti, comme dans le film *Un jour sans fin*, où le héros revit perpétuellement la même journée. Dormir, manger, nager. Je ne fais rien d'autre, ou presque. Je suis un peu sauvage, je perçois le décalage avec les jeunes de mon âge mais je n'ai pas vraiment conscience de manquer des choses. Pourtant, je suis totalement déconnectée du monde extérieur.

Un week-end sur deux, je rentre à Loyes. Gérard m'interdit l'accès au bassin d'Ambérieu aux horaires réservés au club, il semble prendre plaisir à m'empêcher de m'entraîner. Comme il faut que je m'entraîne le samedi, je dois fréquenter le bassin aux heures d'ouverture au public, ou courir jusqu'à Villeurbanne. Les autres week-ends, je suis en compétition, et mes parents viennent me voir nager. J'ai rarement le temps d'être oisive. Dans ces moments-là, je vais chez ma copine Alicia. Quand je dors chez elle, on passe nos soirées devant la télé. On se photographie en prenant des poses de grandes, on feint de trinquer mais c'est avec nos bouteilles de dissolvant qui servent à retirer le vernis de nos ongles. Elle habite tout près de Melun, à Dammarie-les-Lys. Non loin du « château » où est tournée la « Star Academy », dont c'est la première saison et qu'on adore regarder ensemble.

Le lundi, il faut retourner nager. Dans l'eau, Philippe ne me fait aucun cadeau. Il a raison, Philippe : je suis flemmarde. Je bosse très dur les deux premiers jours de la semaine, et je me laisse flotter le reste du temps. Je me repose sur mes capacités physiques, sur ce corps qui nage à l'instinct, vite, mais pas toujours très bien. Je dois travailler, apprendre à coordonner mes gestes, à soigner mes coulées, à me faire mal pour être au-dessus du lot. C'est long, intense, douloureux, sans une seconde de répit. Je n'aime pas ça, je me défends comme je peux : en en faisant le minimum.

Je me fais engueuler à longueur d'entraînement et je m'en fous pas mal. J'ai la tête dure. Quand il me crie dessus, je ne le regarde même pas, ça ne m'atteint pas. Combien de fois il me jette, à bout de nerfs : « Tu prends tes affaires et tu dégages ! » Alors je prends mon sac et je pars. Je rentre à la maison ou je l'attends pour qu'il me ramène en voiture. Je boude, je n'ouvre plus la bouche mais, une fois rentrés, c'est vite oublié. Au fond, je sais que c'est ça dont j'ai besoin. Quelqu'un qui me canalise, me dirige, garde la main sur moi, m'engueule et ne me laisse rien passer. Autrement, il n'y a pas un matin où je me lèverais pour aller m'entraîner.

Il y a deux Philippe : l'entraîneur, impitoyable et cinglant, capable de m'insulter ou de me sortir du bassin s'il estime que je ne travaille pas assez bien ; et le copain, le chahuteur bienveillant qui me laisse vivre ma vie, m'achète des hamburgers au McDo et fait l'imbécile avec moi comme un grand gosse, même s'il garde un œil sur moi.

Nos stages préparatoires se terminent toujours par une fête. Un jour, à Canet-en-Roussillon, il a dû venir me chercher en voiture car j'avais abusé d'une boisson pas très alcoolisée mais assez traîtresse, mélange de bière et de vodka. J'avais seize ans, c'était avant Athènes. J'ai passé le trajet du retour à vomir, la tête penchée par-dessus la vitre baissée du minibus... Philippe se marrait doucement, il savait qu'il n'avait pas besoin de me faire la morale, j'avais compris la leçon toute seule.

Philippe, c'est plus un grand frère, un copain, qu'un deuxième papa. Il veille sur moi, on fait des batailles de polochon, il me laisse regarder la « Star Ac » sur la grande télé du salon et commente avec moi le brin de voix ou les tenues de gala des candidats. Mais il ne se prend jamais pour mon père. Il est franc, direct, super gentil. On peut tout lui dire. En vérité, on s'entend bien, il me fait rire. On est pareils, deux têtes de mule, deux caractères de cochon. Parfois, ça fait des étincelles. Le plus souvent, on s'aime vraiment beaucoup.

Avec Julia, le courant passe moins bien. J'imagine que ce n'est pas facile, pour elle qui n'a pas encore d'enfant, de devoir héberger une adolescente sous son toit. Pour l'intimité, on fait mieux. Surtout que Philippe est souvent absent, à l'entraînement, aux compétitions, ou avec ses copains. Elle se retrouve alors en tête à tête avec moi, l'ado montée en graine élue par son compagnon. Elle, elle ne m'a pas choisie. Pas facile de vivre avec un coach, quelqu'un qui donne tout à son sport, qui est souvent parti, même pour une sportive de haut niveau comme Julia. Et puis Philippe n'est pas franchement casanier. Il adore manger à l'extérieur, voir ses copains, sortir au resto ou au café. Ça ne l'empêche pas d'être debout à 5 heures, chaque jour.

Mais il n'y a rien à redire : sa méthode est efficace. Je me sens progresser. J'en suis d'autant plus consciente que les résultats sont là. Juste avant Noël 2001, je bats le record de France du cent mètres dos en petit bassin en passant sous la barre symbolique de la minute, en 59 secondes et 44 centièmes. J'ai quinze ans et je viens de battre mon premier record de France. J'ai noyé de 90 centièmes le record détenu par mon modèle, Roxana Maracineanu, qui dominait jusqu'à présent la natation française. Roxana, qui m'avait battue quelques mois plus tôt. Je suis fière, confiante. Et bien sûr, je compte bien ne pas en rester là.

En avril 2002, à Chalon-sur-Saône, je remporte mon premier titre de championne de France toutes catégories en cinquante mètres dos, et je décroche ma sélection aux championnats d'Europe seniors de natation, qui ont lieu en juillet à Berlin. Mais je ne veux pas y aller. Je préfère décliner pour me rendre à mes derniers championnats d'Europe juniors, qui ont lieu juste avant, à Linz, en Autriche. Pas envie de me frotter, à quinze ans, à une équipe de France qui m'impressionne. De plonger déjà dans les remous de la compétition « sérieuse ». Pas envie de faire l'impasse sur ma dernière compétition en juniors, où j'affronte encore des jeunes filles de mon âge. Et surtout, surtout, j'ai besoin de vacances, et participer aux championnats à Linz me permet de partir deux semaines plus tôt.

Philippe n'essaye pas de me convaincre. Il respecte ma décision, parce qu'il sait que s'il me force, je nagerai mal. Il est conscient de mon besoin de retrouver les miens. Je souffre de ne plus partager les jeux de mes frères, même si on a grandi et que rien n'est plus pareil. Je voudrais pouvoir revenir au temps des folles séances de piscine du dimanche, avec mon père. Et puis je manque de complicité avec ma mère, à cet âge où les jeunes filles se rapprochent de la leur. Sa compagnie, sa tendresse, ce lien intime que nous n'avons pas su tisser me font encore plus cruellement défaut depuis que je suis loin. J'ai le sentiment de rater quelque chose.

Après cette première année d'entraînement intensif, ces premières victoires conquises à la force du poignet, je n'en peux plus. Je suis épuisée physiquement, moralement. Je pars en vacances avec ma famille, dans un camping où l'on a nos habitudes, du côté de Manosque. J'ai hâte de retrouver l'immense piscine où l'on passera nos journées. Pas à nager mais à sauter, jouer, faire la bombe, comme des chiots fous. Ou alors faire la course. Je ne gagne pas toujours, et puis il y en a toujours un de nous trois qui triche. On fait la chenille : le premier nage avec les bras, celui du milieu lui tient les pieds et le dernier s'accroche à lui pour battre des jambes. Je suis encore une gosse, dans ce long corps athlétique de un mètre quatre-vingts qui m'encombre dès que je sors de l'eau.

La presse sportive commence à parler de moi. On dit que je suis le nouvel espoir de la natation française. On écrit que j'ai tout d'une grande. On me pose des questions sur mes ambitions, auxquelles je réponds naïvement, sincèrement, que je n'ai qu'un objectif : aller aux jeux Olympiques d'Athènes. Quand j'y repense aujourd'hui, j'ai presque honte d'une telle arrogance ! Mais j'y croyais tellement fort, je le voulais tellement que je ne pouvais pas m'empêcher de le dire. Je travaillais dur pour ça, je ne voyais pas pourquoi j'aurais dû le cacher.

À Linz, je tiens mes promesses : je rafle l'or sur le cent mètres dos, comme je l'avais annoncé dans une interview au *Parisien* quelques jours avant la compétition. Et je gagne l'argent sur le cinquante mètres dos et le deux cents mètres quatre nages. Ça me paraît presque normal, vu le mal de chien que je me donne à l'entraînement. Je sais que je dois encore améliorer mes départs, mes arrivées, travailler mes virages, mais je comprends que la victoire est possible.

À mon retour de vacances, en septembre, je sens que j'ai mûri. J'ai profité de l'été pour couper et décolorer mes cheveux. Surtout, je me suis fait dessiner sur l'épaule le papillon qui devient mon emblème. Ce papillon, c'est moi, à peine sortie de ma chrysalide pour enfin oser voler de mes propres ailes. J'aime sa légèreté, son élégance, sa fragilité aussi. Avant mon retour à Melun, ma mère m'a accompagnée chez le tatoueur, à Bourg-en-Bresse. Elle n'était pas vraiment emballée mais elle savait que j'en avais vraiment envie, et elle préférait encore ça au piercing dont je rêvais aussi, et dont elle refusait catégoriquement d'entendre parler. Dans la boutique du tatoueur, j'ai choisi un modèle et, quelques minutes plus tard, le papillon s'est posé sur mon épaule droite.

J'ai décidé de bosser, de tout faire pour sentir encore monter cette vague d'adrénaline qui me submerge en course et déferle au moment de la victoire. C'est trop bon, j'en veux encore. Je suis une droguée des podiums ! Philippe semble ravi de ma métamorphose. Je sais maintenant que je peux lui faire confiance. Lui et moi, nous voulons la même chose. Alors je l'écoute et j'obéis. Je suis décidée à tout donner pour gagner. Quand il choisit de m'entraîner pour le quatre cents mètres, quand tout le monde me croit taillée pour le cent mètres dos, je m'exécute. Et ça paye. Il pense que je suis faite pour ça, et moi j'aime cette course tactique, qui se joue au mental, où l'on a le temps de sentir qu'on distance l'adversaire, de le voir s'éloigner… Je trouve ça jouissif, grisant.

Pourtant, personne n'y croit. Le milieu se moque de Philippe, estime qu'il fait fausse route. C'est bien dommage, parce que ça marche. Aux interclubs d'Antibes en décembre, j'arrive première. En janvier à Paris, je finis troisième aux championnats du monde en petit bassin. En avril à Saint-Étienne, aux championnats de France, Philippe tient sa revanche : en quelques jours dingues, je bats quatre records nationaux, dont celui du quatre cents mètres, et j'accroche une cinquième victoire à mon palmarès. Au total, j'ai brillé sur le quatre cents, le huit cents, le mille cinq cents mètres nage libre, le cinquante et le cent mètres dos. On loue ma polyvalence, la qualité des grands nageurs comme Thorpe ou Phelps, qui me permet d'enchaîner le sprint et le fond, le dos et le crawl. C'est flatteur. Et c'est vrai que, le même après-midi, je peux m'aligner comme une fleur sur le mille cinq cents mètres puis sur le cent mètres dos, et carboniser un record de France sur les deux distances. Ça me plaît. J'obtiens mon passeport pour mes premiers championnats du monde, à Barcelone, en juillet. C'est bien beau d'être la meilleure nageuse de France, mais maintenant, il va falloir plonger dans le grand bain.

*
* *

C'est ma première compétition seniors en équipe de France, et Philippe n'est pas autorisé à m'accompagner. Il est en conflit avec la Fédération française de natation, des histoires entre clubs et centres d'entraînement nationaux, des rivalités à la noix... Ils ne veulent pas de ce type qui gueule fort et n'en fait qu'à sa tête, de ce petit entraîneur inconnu d'un club inconnu qui coache une petite nageuse de seize ans dont le nom commence tout juste à retenir l'attention des journalistes sportifs. Pour être à mes côtés, Philippe aurait dû payer le voyage, l'hôtel, les accréditations... Pas son genre. Il préfère rester bouder chez lui, et moi, je suis catapultée, seule, dans ma première grande compétition internationale. Je suis perdue, mal, moi, la benjamine au milieu de tous ces grands nageurs. Je tombe malade. Je vomis, mais on me laisse seule, allongée derrière les tribunes, le cœur au bord des lèvres. Sans Philippe, je ne trouve pas la motivation, je ne sais plus comment me préparer, je sais à peine ce que je fais là et je bois la tasse. Dans le brouillard, je parviens seulement à me qualifier pour la finale du cinquante mètres dos et je finis septième de la course – en demi-finale, j'ai quand même battu au passage mon propre record de France. Mes parents sont là mais on les autorise tout juste à me voir. Seule consolation : je fais des photos avec les « grands » ; je prends la pose avec la fine fleur de la natation française, des nageurs confirmés comme Fabien Gilot, Franck Esposito, et surtout Frédérick Bousquet, loin, très loin de me douter que, sept ans plus tard, j'aurai un enfant avec ce garçon que je trouve si grand, si beau et si musclé. Moi, j'ai les cheveux courts, des boutons sur le front, les bagues qui tirent sur mes dents pour tenter de combler le trou laissé par mes canines manquantes depuis qu'un orthodontiste a arraché mes dernières dents de lait alors que les définitives ne se décidaient pas à pousser. Je ne suis pas au meilleur de moi-même, c'est le moins qu'on puisse dire. Au fond, j'aurais préféré ne pas venir, rester en équipe juniors et m'épargner ce saut en solitaire dans le grand bain. Mais je ne peux plus concourir en juniors :

j'ai fait mon temps dans cette catégorie, et j'ai désormais l'obligation de nager chez les seniors.

Le bassin de Barcelone est impressionnant. Mieux que ça : c'est l'ambiance la plus dingue que j'aie vue. Une piscine démontable, qu'on installe au cœur du Palau Sant Jordi, une enceinte sportive multifonction construite pour les JO de 1992. Ça hurle, ça gueule, les gens encouragent les nageurs espagnols comme je ne l'ai jamais entendu ailleurs. Je sens Nina Zhivanevskaya, une nageuse russe naturalisée espagnole, littéralement portée vers la victoire par les acclamations de la foule. Je rêve qu'on crie un jour pour moi comme ils crient pour elle, pour qu'elle gagne, pour avoir la joie de la voir toucher le mur avant les autres. J'en suis encore loin, couchée dans mon coin comme un petit animal, avec ma nausée pour seule compagnie.

La date des jeux Olympiques approche.

Athènes, j'y pense depuis 2000, lorsque j'ai regardé les Jeux de Sydney à la télé. J'avais treize ans. Les courses épiques de Pieter Van den Hoogenband ; le duel entre les équipes américaine et australienne du quatre fois cent mètres, ce suspense durant toute cette course de dingue ; enfin, le duel magistral entre l'Australien Ian Thorpe et l'Américain Gary Hall, puis la vision de Michael Klim, cette masse de muscles au crâne rasé, qui gueule sa victoire, le poing levé, à la fin du relais. À cet instant j'ai compris que je n'avais envie que de ça : ressentir dans mes veines cette décharge de pure adrénaline. Ça semblait si bon, si fort ! C'était ce que je voulais pour moi. Et je me suis dit très simplement, très clairement : « Un jour, je serai championne olympique. »

Un jour, mais quand ? Et sur quelles épreuves ? À l'époque, je m'imagine courir le cent mètres dos, mais Philippe Lucas m'entraîne sur de longues distances depuis deux ans. Ensemble, on a mis au point une tactique de course : je pars très vite pour dégoûter d'emblée mes adversaires, qui me voient disparaître au loin dans un bouillon d'écume. Ça me plaît, l'idée de les semer. Lors des qualifications pour les Jeux, en avril 2004 à Dunkerque, je gagne mon ticket pour le quatre cents et le huit cents mètres nage libre, et pour le cinquante et le cent mètres dos. Je bats deux nouveaux records de France – ça commence à devenir une habitude...

En mai, me revoilà aux championnats d'Europe à Madrid. Trois médailles d'or plus loin, je sais qu'on commence à parler de moi pour les JO d'Athènes. J'ai enfin réussi à me hisser sur la première marche du podium dans une compétition internationale seniors, sur le quatre cents mètres nage libre et le cent mètres dos, sans parler du relais quatre fois cent mètres quatre nages que je gagne aux côtés de Laurie Thomassin, Aurore Mongel et Malia Metella. Fini de barboter : je nage dans le bassin des grands.

– 4 –

Athènes

Ça y est, j'y suis.

La chaleur écrasante qui pilonne le Péloponnèse ne peut rien contre la douce euphorie qui s'empare de moi. Je suis à Athènes, aux jeux Olympiques. Le rêve est là, enfin. À ma portée.

Je me sens prête. Aux journalistes, j'annonce la couleur : je veux être championne olympique. Je le dis sans fausse modestie ni vanité. C'est ce que je veux, voilà tout. Je ne suis pas venue pour faire de la figuration, encore moins du tourisme. D'Athènes, je ne verrai rien : ni l'Acropole, ni le Parthénon, ni les ruelles de Pláka, ni les tavernes où l'on s'attable le soir à la lumière des lampions. Je vais nager, seulement nager. Mais nager plus fort, plus vite que jamais.

Il n'y a de place pour rien d'autre dans mon esprit.

J'y pense dans le bus qui nous conduit de l'aéroport au village olympique. Je songe à tous les efforts, les sacrifices que j'ai faits pour arriver là. À mes parents, qui sont restés à la maison. Pour la première fois, ils ne m'accompagnent pas. Le billet d'avion, l'hôtel, les places dans les tribunes pour me regarder nager : à Athènes, tout est trop cher pour eux. Et puis l'enjeu est tellement énorme, la pression tellement forte qu'ils ne veulent pas s'imposer, ni m'imposer le surcroît d'émotion de leur présence. Ils m'envoient leurs encouragements par SMS. Ils préfèrent ne pas appeler : je sais que je peux les joindre quand je veux, ils me laissent le choix du moment. Par pudeur, par délicatesse, ils veillent à ne pas être intrusifs, ne pas s'ingérer dans ma vie, ne pas me perturber. Je sais qu'ils sont avec moi, qu'ils pensent à moi, qu'ils ne pensent même qu'à ça, et c'est la seule chose qui compte. Ils m'ont souhaité bonne chance lorsqu'ils sont venus me voir à Aix-les-Bains, au stage préparatoire. Ils me connaissent bien, ils savent de quoi je suis capable. Mais à Athènes, dans cette arène gigantesque où vont s'affronter les meilleurs athlètes du monde, il ne suffit pas de vouloir.

Je n'avais pas imaginé que le village olympique puisse être aussi grand. Je m'attendais à trouver un hôtel, et c'est une ville entière qui se déploie sur ce site immense. Des petits bâtiments de trois ou quatre niveaux, disséminés autour d'un axe central, comme une grande avenue. Il y a des bus pour tout, pour aller manger, pour se rendre à la piscine où l'on s'entraîne, à celle où se déroule la compétition.

Les nageuses sont installées dans un appartement de trois chambres, chacune occupée par deux filles. Patricia Quint, le coach en charge de l'équipe féminine, nous chaperonne. Je partage une chambre avec ma copine Alexandra Putra. On a le même âge, on se croise depuis longtemps au bord des bassins : elle a nagé un temps à Bron, près de Lyon. C'est ma rivale sur le cent mètres dos, mais pour l'instant on n'y pense pas.

La cérémonie d'ouverture a lieu le 13 août. Je la regarde à la télévision, comme tous les nageurs : nos épreuves commencent dès le lendemain, on ne peut pas se permettre de rester debout sept heures d'affilée pour regarder le spectacle. Si on va aux Jeux pour gagner, on évite ! Avec Alexandra, on sort sur le balcon pour regarder le magnifique feu d'artifice qui conclut la cérémonie.

Franck Esposito, Romain Barnier, Alena Popchanka... La plupart des nageurs de l'équipe de France sont plus âgés que moi. Certains, comme

Barnier ou Esposito, en sont à leur deuxième olympiade et sont de dix ou quinze ans mes aînés. J'ai beau les connaître presque tous, depuis Barcelone, je me sens encore comme la nouvelle qui débarque en classe en milieu d'année scolaire. Comme toujours, je suis intimidée, j'ai peur qu'on me parle, je reste dans mon coin. À l'entraînement, il se produit une chose bizarre : je vois un nageur me faire des signes sous l'eau. Je mets quelques instants à comprendre qu'il est en train de me saluer. Il me faut encore une poignée de secondes pour réaliser que ce type qui me fait coucou, c'est Pieter Van den Hoogenband, un très grand nageur hollandais que j'admire énormément. Mon cœur fait un bond dans ma poitrine. Il m'a reconnue, moi, la gamine de dix-sept ans, la petite nageuse qui a encore tout à prouver ! Je suis comme une dingue. Et ça continue : c'est au tour de Michael Klim, mon héros des JO de Sydney, de me dire bonjour. À moi ! Les grands nageurs étrangers me reconnaissent, je suis devenue l'une des leurs. Je n'en reviens pas. Au milieu de mes idoles, je commence seulement à comprendre que j'ai intégré le club plutôt fermé des meilleurs du monde. Et j'étais loin de me douter qu'ils m'admettraient aussi vite parmi eux.

La finale du quatre cents mètres et la demi-finale du cent mètres ont lieu le même jour, le dimanche 15 août. Les séries des deux épreuves ont lieu le matin, puis la finale du quatre cents mètres nage libre et la demi-finale du cent mètres dos se courent le soir. Pour résumer, ce dimanche-là, j'ai quatre courses à gagner, les plus importantes de ma jeune existence. Et le lendemain, j'enchaîne. J'aime bien ces deux épreuves. À l'époque, nous ne sommes pas très nombreuses à nous aligner sur des courses aussi différentes. Le quatre cents mètres, c'est mon épreuve préférée. Une course tactique, que je démarre très vite grâce à ma coulée longue et puissante. J'aime tellement sentir que je suis devant que je distance mes adversaires. Le cent mètres dos, c'est une question de rapidité. On sollicite énormément les jambes. On a mal, quand on bat des jambes sur le dos, car l'effort demandé aux cuisses est plus intense que sur le ventre. Je sens la décharge d'acide lactique qui brûle et durcit mes muscles, des fesses aux mollets, dans un éclair de douleur.

Je suis parfaitement affûtée, je le sais, même si à l'entraînement Philippe ne me donne pas mes vrais temps pour éviter que je me relâche. Je dois gérer l'effort, rester concentrée, demeurer au meilleur de ma forme. Une forme olympique, comme on dit…

Philippe est attentif à tout : il a peur que je prenne froid, peste contre la climatisation qui transforme l'intérieur des bâtiments en glacière, contre la chaleur de plomb qui écrase le site olympique. Il veut que je marche le moins possible, va me chercher mon plateau-repas au self pour m'éviter de quitter ma chaise, jette une serviette-éponge autour de mon cou dès que je sors du bassin. Qu'un journaliste s'approche de moi pour m'interroger sur mes bonnes performances et mes chances en finale, et voilà Philippe qui déboule, l'œil furieux, le doigt pointé vers l'importun qui ose me retarder sur le chemin des vestiaires. Un coup de chaud, un coup de froid, un coup de mou, et c'en sera fini du mal qu'on s'est donné, lui et moi, pour arriver jusque-là.

Pourtant, un grain de sable va venir gripper la machine à nager que je suis devenue. Je m'entraîne avec Philippe dans la piscine du village olympique. Je nage avec un pull-buoy, une sorte de flotteur qu'on cale entre les cuisses pour faire travailler les bras, et une ceinture à laquelle est fixé un seau de dix centimètres de diamètre. But : augmenter la résistance et donc la puissance de mon mouvement de bras. Un de ces exercices de torture dont Philippe a le secret… D'autres fois, il nous fait nager avec un tee-shirt pour nous alourdir. L'objectif est le même : il veut qu'au moment où nous nous élançons dans l'eau, revêtues de nos combinaisons, nous ayons cette sensation de légèreté, de fluidité, qui nous donne l'impression magique de voler dans l'onde.

Mais le seau est lourd et, pour la première fois, je sens mon épaule faiblir. Ça ne m'est jamais arrivé. Une gêne lancinante engourdit mon épaule et, soucieuse, j'en parle à mes parents au téléphone. Ils essayent de me rassurer. De toute façon, il n'y a rien à faire. Et je ne peux pas me permettre d'y penser au moment où je nage. Je fais comme si la douleur n'existait pas. Et ça marche.

Le matin des épreuves, je réalise le meilleur temps des séries. C'est capital : je veux absolument la ligne 4, la meilleure, celle du milieu, où il y a moins de vagues et d'où l'on peut suivre la progression de ses adversaires. J'ai l'habitude d'obtenir la ligne 4, il n'est tout simplement pas question qu'une autre que moi l'emporte. Sur cette distance, c'est important de pouvoir voir où en sont les autres. Et je veux montrer dès le matin que ça sera difficile de me battre. Je le dis devant des journalistes, sans savoir que ça va se retrouver le lendemain en une de *L'Équipe* ! Ça peut sembler présomptueux qu'une jeune fille de dix-sept ans formule une chose pareille, on peut légitimement en déduire que j'ai la grosse tête. C'est pourtant ce que je pense, en toute honnêteté. Philippe Lucas me répète depuis des semaines que je suis la meilleure, que je vais gagner. Il veut que je le croie, que j'acquiers une confiance inébranlable en mes capacités. Pour un sportif, il n'y a rien de plus galvanisant que de sentir son coach confiant. Je sais que Philippe a foi en moi, de toutes ses forces.

Nous quittons le village olympique deux heures avant la course. Je concours pour la finale du quatre cents mètres nage libre à 20 h 45, heure d'Athènes – 19 h 45 en France. Lorsque nous arrivons à la piscine où se déroule l'épreuve, Philippe a un coup de sang : il découvre qu'il faut gravir une trentaine de marches pour accéder au bassin olympique. Il est furieux, et même fou de rage ! Pour lui, c'est une hérésie de faire grimper des escaliers à un nageur qui s'apprête à faire une course. Sans compter que je souffre d'une maladie du sang : trop épais, il circule mal. J'ai donc vite les jambes lourdes, ce qui n'est pas l'idéal pour une nageuse. Cet effort-là est de trop, Philippe le sait pertinemment. Alors je grimpe les marches tout doucement, pour ne pas me fatiguer.

L'échauffement commence : avant ma course, je nage deux mille cinq cents mètres. Puis je sors de l'eau pour filer me sécher parfaitement. Ensuite, je dois passer ma combi. Ces combinaisons, qui remplacent les traditionnels maillots de bain et recouvrent le corps des nageurs du cou aux chevilles, ont fait leur apparition à la fin des années 1990 et se sont vite généralisées. Depuis qu'aux Jeux d'Atlanta, en 1996, l'Irlandaise Michelle Smith a été la première nageuse en combinaison à gagner une médaille d'or, les records tombent les uns après les autres à une vitesse hallucinante. Les combis améliorent l'efficacité des mouvements, les rendent plus fluides en comprimant la chair et offrent une moindre résistance à l'eau, imitant l'épiderme des animaux aquatiques comme le requin. Pour en enfiler une sans risquer de l'abîmer, la peau ne doit conserver aucune trace d'humidité. Et pour être vraiment efficace, la combinaison doit être neuve. À chaque épreuve, sa nouvelle combi. Au fil du temps, Philippe insistera pour que je porte des combinaisons d'homme, qui couvrent davantage le dos que celles des filles, plus échancrées. Or, chaque centimètre carré d'épiderme à découvert désavantage le nageur. L'inconvénient des modèles masculins, c'est qu'ils ne sont pas aussi bien doublés sur la poitrine : lorsque je m'étire, on peut voir mes seins en transparence, ce qui n'est évidemment pas du tout le but recherché. Durant ces années-là, il arrive même qu'on porte deux combinaisons l'une sur l'autre : ça comprime encore davantage les jambes, on se sent plus légère. Les combinaisons en polyuréthane finiront par être interdites en 2009 : chaque marque ayant développé ses propres brevets dans le plus grand secret, malgré les injonctions de la fédération, qui tentait vainement de réglementer tout ça, l'évolution fulgurante des matériaux ne permettait plus de garantir l'équité entre nageurs. Aujourd'hui, les hommes portent des « jammers », ces maillots qui les couvrent de la taille aux cuisses, et les filles des combinaisons courtes jusqu'aux genoux. Elles sont du même type de textile que les maillots de bain traditionnels.

L'heure fatidique approche. Avant qu'on se sépare, Philippe me répète une dernière fois que je suis la meilleure, qu'aucune fille ne s'est mieux entraînée que moi, que je suis imbattable. Il me dit encore que c'est mon jour, ma course. Que je ne dois laisser personne me voler ce moment. C'est le mien !

En chambre d'appel, le dernier sas où l'on se concentre avant de plonger dans la course, j'observe mes concurrentes. Ou plutôt je les flingue du regard, comme Lucas m'a appris à le faire, lui qui ne se prive pas non plus de décocher des coups d'œil assassins à tous ceux qui osent se mettre en travers de son chemin. Les nageuses entrent dans une seconde pièce, où les chaises sont numérotées en fonction des lignes d'eau. À côté de moi, il y a Otylia Jędrzejczak, qui est très impressionnante : à l'époque, elle mesure bien dix centimètres de plus que moi qui n'ai pas totalement achevé ma croissance. Elle remportera d'ailleurs l'or sur le deux cents mètres en papillon. Je sais qu'il faut faire très attention à elle, mais je garde mon calme. J'enfile tranquillement mon bonnet, puis mes lunettes. L'heure arrive : on nous fait sortir, la musique retentit, chacune se poste derrière son plot. Un coup de sifflet pour se préparer, ôter le tee-shirt réglementaire qui accroche lunettes et bonnet au passage et fait enrager tous les nageurs. Je ne sais pas où s'est assis Philippe, il n'a pas voulu me le dire pour éviter que je le cherche des yeux. Un second coup de sifflet pour monter sur le plot. Je ne pense plus à rien jusqu'au signal du départ. À rien, sauf à gagner.

Je sais que j'ai un bon plongeon et une poussée qui me donne une belle impulsion pour sortir de la première coulée à quinze mètres. Je fais comme Lucas me l'a appris : je pars à fond. Pas une seconde je ne pense que la fille d'à côté pourrait me battre. D'ailleurs je ne vois personne. J'avance, seule, en me répétant une seule chose : « Je veux gagner, je veux gagner, je VAIS gagner. » Et je fais toute la course en tête. Quatre allers-retours, ça va finalement assez vite. Je me souviens d'être partie, d'être arrivée, et c'est tout. J'y suis tellement habituée, c'est automatique. Je nage comme je le ferais dans n'importe quelle autre compétition, sans plus de pression, mais avec la même rage. Celle qui ne me quitte jamais quand je suis dans l'eau et qu'il y a une victoire à décrocher. Quand je touche le mur, je sais que j'ai gagné. Je jette quand même un œil au tableau d'affichage pour vérifier que je ne me suis pas trompée, que je n'ai pas rêvé ce qui est en train de se passer. C'est bon. C'est bien moi. Je suis heureuse, je lève les bras, mais je garde une certaine réserve. Est-ce que je comprends ce qui vient de se passer ? Que j'ai fait le quatrième meilleur chrono de tous les temps sur cette distance ? Pas vraiment. J'ai dix-sept ans, je n'ai pas conscience que je suis en train de vivre l'exploit d'une vie. 4 minutes 5 secondes et 34 centièmes. J'oublie mes temps. Celui-là restera gravé dans ma mémoire. Longtemps, c'est resté mon numéro fétiche, le code secret de mon téléphone.

Je ne réalise pas encore que je suis la première Française à gagner cette médaille depuis Jean Boiteux en 1952, le seul avant moi à avoir arraché l'or olympique en natation. Jean Boiteux, je le vois chaque année lorsqu'on va nager au meeting de Bordeaux, dont il est l'organisateur. Il est très gentil, il veille sur moi, me protège des journalistes. Quand il a gagné sa médaille à Helsinki, son père, fou de joie, avait sauté tout habillé dans le bassin, avec son béret sur la tête, pour l'embrasser et le féliciter ! C'était une autre époque.

Nelson Monfort est là, qui m'attend avec un cameraman. Il brandit son micro vers moi. Je le repère de loin, comme un obstacle sur mon chemin, et l'angoisse monte. Nelson Monfort ! C'est dingue. Je suis si impressionnée, j'ai tellement peur de la question piège, peur de ne pas savoir quoi répondre, peur de débiter des bêtises. Qu'est-ce que je vais bien pouvoir lui raconter ? L'idée de caler face à ses questions me stresse bien davantage que la course. Il m'annonce qu'il a une surprise pour moi et me tend un téléphone. À l'autre bout du fil, mes parents. Ils me félicitent en direct. Je suis très émue, si heureuse de leur parler. Je ne réalise toujours pas que je viens de nager juste avant le journal télévisé. Ma course a fait l'ouverture du 20 heures, je parle en direct dans le salon de millions de foyers français. À l'heure qu'il est, tout le pays a les yeux rivés sur moi.

Mais moi, je pense surtout que j'ai encore une course avant de pouvoir rentrer me coucher : la demi-finale du cent mètres dos, dont le départ sera donné dans quarante-cinq minutes. Je dois rester concentrée. J'accroche le regard sombre de Philippe, qui ne pense plus qu'à m'arracher aux micros tendus. Je reste focalisée sur mon objectif suivant. Il faut que je fonce. Je n'ai pas le temps de réfléchir à ce que je viens d'accomplir, pas le temps de me disperser, de traîner un peu au bord du bassin en goûtant la satisfaction du devoir accompli. Pas le temps d'aller boire du champagne au Club France, le point de rassemblement de la délégation hexagonale où convergent journalistes, officiels et sportifs pour arroser les victoires. Pas le temps de jouer les vedettes du jour. J'ai encore du boulot. Ma journée n'est pas terminée. Je dois maintenant penser à ma demi-finale dos. Vite vite, quitter la piscine.

Est-ce que j'ai nagé mon cent mètres avant ou après être montée sur le podium ? Je ne m'en souviens même pas. Probablement après. *La Marseillaise* qui retentit pour moi, la médaille qu'on me passe autour du cou, la couronne de laurier posée sur mes cheveux encore humides… Tout est flou dans ma mémoire. Irréel, comme voilé par la tension d'avoir à nager encore, d'être seulement au début de quelque chose. Je me rappelle, au milieu de ce brouillard, que les tribunes ne sont pas pleines – les places sont horriblement chères et la natation n'est pas encore, dans notre pays, le sport très populaire qu'elle est devenue ensuite. Tout le staff français est là, au bord du bassin, super content de ma victoire. Mais pas une seconde je ne songe à faire la fête. D'abord parce que je dois nager encore, dès le lendemain. Et surtout parce que je suis éreintée, par l'effort et l'émotion. Je n'ai qu'une envie, retrouver ma chambre, mon lit, pour me poser, comprendre ce qui vient de m'arriver et dormir un peu avant d'affronter la suite des hostilités. Juste avant de monter sur le podium, je prends quand même le temps de faire une chose : j'attrape un feutre noir et, sur un coup de tête, je trace des lettres sur le tee-shirt blanc que je vais porter sous mon survêtement frappé du logo de l'équipe de France : Enzo et Angela. Deux prénoms qui n'évoquent rien à personne si ce n'est à Julien. Julien, c'est ma première histoire « sérieuse ». Il est maître nageur à Orcières-Merlette, la petite station des Hautes-Alpes où Philippe nous emmène pour notre stage de préparation rituel, notre bouffée d'oxygène au cœur de l'hiver, quand il fait froid et qu'il pleut à Melun. À l'instant où j'écris sur le tissu souple et élastique, je revois Julien en janvier, au bord du bassin d'Orcières-Merlette, sa silhouette se découpant sur les larges baies vitrées donnant sur les sommets couverts de neige, son sourire qui me fait craquer. J'en suis raide amoureuse. Les mois qui ont suivi, on s'est peu vus, toutes les huit semaines à peine, mais je pense à lui comme s'il était l'homme de ma vie. Enzo et Angela sont les prénoms des deux enfants que je me vois déjà lui donner. On est parfois trop sérieux quand on a dix-sept ans. On croit que tout est beau, que tout est rose. C'est à Julien que je pense au moment d'être couronnée de laurier. Je ne sais pas encore qu'il n'en vaut pas vraiment la peine.

Vite, je dois enlever la combinaison. Vite, enfiler mon maillot, me dépêcher de nager quelques longueurs pour récupérer, bien me sécher, enfiler une nouvelle combinaison, puis mon survêtement, récupérer mon accréditation, mettre mon bonnet et repartir à la chambre d'appel. Cette fois, il me faut « seulement » figurer parmi les huit meilleures. Une formalité, pour moi qui ne fais alors pas vraiment la différence entre les championnats de France et ces jeux Olympiques : je suis en pilotage automatique, je nage, j'essaye de gagner, je passe à l'étape suivante. Je termine septième. Vais-je enfin pouvoir aller me coucher ? Pas encore. Il me reste à passer les contrôles antidopage, alors que je n'ai pas la moindre envie de faire pipi... Ça prend des heures. Quand Philippe me ramène au village, il est plus de minuit. Une migraine atroce me pilonne le crâne. Je mange un peu de riz avant de rejoindre ma chambre. Devant la porte, les filles ont déposé des petits mots de félicitations, un drapeau. Alexandra m'attend, surexcitée. On discute un peu puis je m'endors. Je suis épuisée, vidée. J'ai encore deux courses à remporter.

Le lendemain, je me lève aux aurores pour le contrôle sanguin, prévu à 8 heures. La corvée accomplie, Philippe m'envoie me recoucher quelques heures, histoire de récupérer complètement des efforts de la veille. Il pense que je suis capable de remporter d'autres médailles et que la compétition est loin d'être terminée. À mon réveil, vers midi, je nage un peu, huit cents mètres, pour me remettre en jambes. Ensuite, repos jusqu'à la finale.

Cette fois, mon départ pour le cent mètres dos et mes coulées, ratés, ne me permettent pas de répéter l'exploit de la veille. Je termine avec le bronze, les jambes tétanisées par la souffrance.

La déception se lit sur mon visage, sur mes traits tirés par l'effort – on ne se refait pas... Mais après tout, l'or et le bronze en deux jours, pour une débutante comme moi, c'est déjà pas si mal !

Le soir, Philippe m'emmène à une réception au Club France. Je n'ai pas de course avant le surlendemain. Au dîner, Jean-François Lamour, le ministre des Sports, ancien escrimeur et double champion olympique, vient me féliciter. Je rencontre le prince Albert de Monaco. Des tas de gens me congratulent. Ils intimident la gamine de dix-sept ans que je suis.

Deux jours plus tard, mes parents et mes frères me rejoignent. *Paris Match* les a contactés : en échange d'un reportage photo avec moi, le magazine leur offre le voyage. Je suis très heureuse de les avoir près de moi pour ma dernière épreuve, ce huit cents mètres nage libre où j'espère briller à nouveau, histoire de leur offrir une victoire en direct. Je vais surtout leur faire frôler l'arrêt cardiaque ! Cette course, c'est sûrement celle, de toute ma carrière, qui leur a causé le plus d'émotion.

Avant chaque course, je repère où sont assis mes parents, pour pouvoir les localiser tout de suite après avoir tapé le mur, échanger un regard, un sourire, leur adresser un signe et les voir me répondre. Je les aperçois, tout là-haut. Tout commence très bien. J'ai fait le meilleur temps des séries, à côté de la Japonaise Ai Shibata. J'ai mon couloir préféré – le 4 – et je démarre vite, comme toujours. J'ai besoin d'être devant, d'emblée. Et j'y reste. Longueur après longueur, pendant sept cent cinquante mètres, je mène la danse, même si je souffre. Un huit cents mètres, c'est huit allers-retours, une course interminable, douloureuse, terriblement stressante à regarder. Il faut doser son effort, sans perdre la niaque. Rester devant, sans se cramer. Une alchimie difficile à réussir. Dans les tribunes, mes parents sont suspendus aux mouvements de mes bras, à mes virages, aux battements de mes jambes. Je reste trois mètres devant Ai pendant sept cent cinquante mètres. J'y suis presque. Plus qu'une longueur, et la victoire est pour moi. Ma deuxième médaille d'or.

Mais Ai Shibata est une nageuse plus expérimentée, bien meilleure stratège que moi. Elle m'a laissée foncer, calée dans mon sillage. Pendant que je me fatiguais à fendre l'eau, elle a économisé ses forces, préservant ainsi une petite réserve de carburant. Et là, dans la dernière ligne droite, elle accélère d'un coup et remonte, imperturbablement, chaque centimètre qui la sépare de la victoire. Je la sens qui se rapproche, qui remonte, je la vois qui arrive à ma hauteur. C'est comme un cauchemar. Je ne dois pas la laisser me voler ma médaille. Je donne tout ce qui me reste, mais ça ne suffit pas. 42 centièmes de seconde avant moi, sa paume touche le mur. 42 centièmes, autant dire rien.

42 centièmes pareils à un gouffre où sombrent mes efforts, mes sacrifices, mes espoirs. Je ne serai pas championne olympique du huit cents mètres. Ça s'est joué à un cheveu, mais c'est la loi du sport. Shibata a nagé tactique, en faisant toute la course dans ma vague pour me doubler sur la fin. Moi qui n'ai jamais couru cette distance à un haut niveau, je n'ai aucune méthode. Sur les gradins écrasés de chaleur, mes parents ont le souffle coupé par l'émotion, le cœur qui bat à cent à l'heure.

*

* *

Dix ans ont passé depuis cette course folle, et je sais aujourd'hui combien mon père déteste ces moments insoutenables où le stress, l'espoir et la peur lui compriment la poitrine. Chaque fois, il croit mourir. Il préfère, de loin, vivre nos courses installé dans son salon, assis sur son canapé, avec ma mère et quelques proches, libre d'exprimer ses émotions et de se repasser le film de nos victoires en boucle.

*

* *

Après mon huit cents mètres, je me fais une raison : j'ai gagné une médaille d'or, une d'argent, une de bronze, j'ai la panoplie complète et c'est bien.

Pendant toute la semaine d'épreuves, je vis dans une bulle, un cocon. Parce que j'ai mes courses à accomplir. Et parce que je suis protégée de tout le battage médiatique dont je ne peux guère prévoir l'ampleur. Je n'ai aucune référence, je suis très loin d'imaginer ce qui m'attend à Paris. Il y a bien la séance photo pour *Paris Match*, où je pose avec mes parents et mes frères, en exhibant fièrement mes médailles. Mais ça s'arrête là. Philippe me préserve plus que jamais, c'est lui qui donne les interviews. Lui, il s'attendait à ces résultats. Il a misé sur moi, trois ans plus tôt, et il vient d'honorer son pari. C'est son heure de gloire, à lui aussi, qui vient de damer le pion à tous ses ennemis de la fédération, tous ceux qui le prenaient pour un guignol depuis si longtemps. Il jubile, vraiment, et se délecte de son triomphe. Il aurait tort de s'en priver. C'est seulement bien plus tard que mon père m'apprendra que, cette médaille d'or, Philippe la lui avait promise le jour où il l'avait convaincu de le laisser m'entraîner. Je ne sais plus comment mon père me l'a dit, ni dans quelles circonstances, mais ça me fait bizarre, cette impression qu'ils se sont fixé cet objectif. Comme s'ils avaient fait un pari sur moi sans me mettre dans la confidence. J'ignore pourquoi ça me trouble à ce point puisque, au fond, je m'étais juré la même chose.

Au bout de cette semaine de folie, la fin de mes Jeux arrive. Philippe me dit simplement : « Bonnes vacances, on se revoit dans trois semaines pour reprendre l'entraînement. » Et c'est tout. Je ne découvre réellement la portée de ma victoire qu'à mon arrivée à Roissy, quand j'aperçois tous ces journalistes massés derrière la vitre, trente caméras qui m'attendent, une forêt de micros tendus, je panique. Je suis sonnée. Je suis devenue un personnage public, une célébrité vue à la télé. J'ai dix-sept ans, je pense confusément que les journalistes sont hostiles, qu'ils cherchent forcément à me coincer, qu'ils veulent me dépouiller de moi-même. Je suis comme un petit animal piégé. Je n'ai pas envie qu'on me pose des questions, et encore moins envie d'y répondre. J'ai besoin de discrétion quand eux veulent tout savoir de moi, qui ne sais même pas encore qui je suis. Tétanisée, je balbutie quelques banalités avant de prendre la fuite. Quand je revois les photos… J'ai ce petit air crispé d'enfant, avec mon drôle de sourire à trous. J'ai l'air un peu égarée. Je le suis ! Je vais devoir m'y habituer, parce que ça n'est que le début. Ça sera comme ça après chaque compétition. Une pression énorme, écrasante, pendant les trois années au cours desquelles je vais sans arrêt améliorer mes résultats et aligner les victoires.

En vrai, j'aurais préféré être championne olympique à vingt-cinq ans plutôt qu'à dix-sept. J'en aurais mieux profité, j'aurais davantage savouré le prix de l'effort, la chance d'être là, la joie de voir tant de sacrifices récompensés. De tout cela, je ne garde qu'un souvenir vague, fugace. L'impression d'avoir été coupée de mes émotions, au point qu'aujourd'hui je me souviens à peine d'avoir vécu tout ça, comme si ça ne m'était pas vraiment arrivé. Comme si c'était arrivé à quelqu'un d'autre.

– 5 –

LE PÈRE FOUETTARD ET LA BOUDEUSE

Avoir dix-sept ans à nouveau, loin du crépitement des flashs. Redevenir une gamine, plus vraiment une enfant mais pas encore une adulte. Plonger pour jouer et non plus pour gagner. Éclabousser mes frères, leur enfoncer la tête sous l'eau, faire la planche. Ne rien faire. Buller.

Au camping de Manosque où nous avons pris nos quartiers d'été, les gens ne reconnaissent pas en moi la médaillée olympique dont le sourire timide s'est étalé à la une des journaux quelques jours plus tôt. Mes parents ne changent rien à leur comportement, je suis leur fille, Laurette, ma biche, ma poulette. Ils ne vont pas se mettre à me chanter *La Marseillaise* à chaque repas, ni à me tresser des couronnes de laurier. Encore heureux !

Avant d'être une championne olympique, je suis et je reste leur enfant, leur grande fille. Durant ces quelques semaines de vacances, je vis dans l'illusion que rien n'a changé. Pourtant, tout a changé.

À mon retour de vacances, mes parents m'accompagnent à l'Élysée. Jacques Chirac, le président de la République, reçoit les médaillés d'Athènes. L'angoisse, pour mes parents et moi : comment s'habiller, comment se comporter, comment traverser la cour de l'Élysée pour accéder aux salons sans avoir l'air d'une petite fille égarée chaperonnée par ses parents ? Je suis stressée, anxieuse. Je coiffe mes cheveux au carré en brushing sage, une mèche libre, l'autre bien calée derrière l'oreille. Je porte un tailleur-pantalon noir, trop sérieux, trop grand pour moi, sur lequel Jacques Chirac épingle le ruban rouge de la Légion d'honneur, qu'il remet à tous les champions d'Athènes. Il me complimente et me claque une bise, comme un grand-père à sa petite-fille. Durant les Jeux, il m'avait envoyé trois messages de félicitations qui m'avaient fait rougir de fierté : « Oh là là, le président m'écrit une lettre, à moi, la petite nageuse ! » Après, je me suis dit que c'était certainement un membre de son secrétariat qui les avait rédigés, qu'il avait simplement dû les signer, mais ça n'était pas grave : il avait pensé à me remercier, à me dire que la France était fière de moi, que j'avais accompli « une course parfaite », de « superbes exploits », que j'avais « mis la France à l'honneur », que j'étais « une des grandes nageuses du monde » et que j'avais « donné du bonheur » à mes compatriotes. Je m'étais sentie importante. À l'instant où je pose, juste à côté de lui, pour la photo officielle, je me trouve minuscule et insignifiante.

Dans les ors et les velours des salons de l'Élysée, mes parents se font tout petits et moi je n'ose parler à personne. On reste ensemble, serrés près du buffet, à manger des montagnes de petits-fours pour donner le change. Empruntée, mal à l'aise, j'ai du mal à profiter du moment, même si je suis contente et impressionnée de rencontrer Amélie Mauresmo, qui a gagné l'argent au tennis, ou le kayakiste Tony Estanguet, qui a remporté une médaille d'or. Je les admire tellement que j'ai encore du mal à réaliser que je suis maintenant l'une des leurs. Et plus que ça : le journal *L'Équipe* m'a sacrée « Championne des champions français », et l'Académie des sports m'a décerné son Grand Prix olympique, qui récompense les sportifs ayant accompli une performance exceptionnelle lors des Jeux.

Je fais ma première télé, dans l'émission de Marc-Olivier Fogiel. Je n'ai jamais mis les pieds sur un plateau, je suis terriblement stressée, impressionnée, j'ai peur de n'avoir rien à dire. Ou pire, de dire n'importe quoi… On m'assoit à côté de Jack Lang, ce qui ne m'aide pas à me sentir à l'aise. Ça parle politique, je n'y comprends rien et je m'en fous un peu. L'enregistrement dure des heures interminables et épuisantes, je passe en dernier et je n'en peux plus !

De retour à Melun après cette parenthèse, la réalité me rattrape. Je dois m'arracher à la bulle qui m'a protégée durant des semaines, entre les stages préparatoires, les Jeux, les vacances. Tout ce temps, je n'ai pas vraiment pensé à la suite, et me voilà face à l'inconnu. Je me retrouve seule, comme en décalage horaire, sans l'adrénaline, le bruit, les copains, ma famille. Seule avec mes médailles. Je vis le blues du champion olympique, un gros cafard, une petite dépression. La première de ma carrière, mais pas la dernière.

Je prends une décision : j'ai envie de vivre seule, d'avoir mon propre chez-moi, de quitter le nid protecteur mais aussi étouffant de Philippe pour voler de mes propres ailes. Je ne me vois plus habiter avec ce couple, leur imposer la responsabilité d'élever une adolescente alors qu'ils n'ont pas encore d'enfant. Ils ont besoin de leur intimité, comme j'ai besoin de la mienne. D'ailleurs, un an plus tard, ils auront leur premier bébé, Tom, dont je suis la marraine.

Mes parents sont d'accord pour que je prenne un appartement, on en a parlé ensemble pendant les vacances, ils pensent que je suis capable de me débrouiller seule. J'ai bientôt dix-huit ans, je veux pouvoir recevoir Julien, dormir dans le même lit que mon amoureux, sans que mon entraîneur ait son mot à dire. En attendant de trouver un studio, je m'installe quelque temps chez ma copine Alicia. Les filles du groupe m'entourent : Marjorie Distel, mon aînée de dix ans, m'a depuis longtemps prise sous son aile ; Delphine Leprest, le clown de la bande, me fait toujours hurler de rire.

J'ai du mal à me reconcentrer pour plonger à nouveau dans le bassin de cinquante mètres qui porte désormais mon nom. Gagner un titre olympique, c'est un cadeau empoisonné. Et de toute façon, qu'on ait gagné ou perdu, l'année qui suit les Jeux est toujours difficile. Il faut se trouver un nouvel objectif alors qu'on a l'impression d'avoir achevé quelque chose, d'être allé au bout d'un rêve. Il faut s'en trouver un autre. Je dois me projeter, m'inventer de nouvelles raisons de me dépasser, de vouloir gagner. Et c'est très difficile, parce que je n'ai absolument pas envie de retourner m'entraîner.

J'emménage dans mon petit appartement, près de la gare de Melun. Mes fenêtres offrent une vue imprenable sur les voies, ma voisine du dessous voue un culte incompréhensible à Betty Boop, déclinée chez elle sous toutes ses formes, mais je trouve tout génial, je suis chez moi. Philippe boude. Mes parents sont venus m'aider à porter mes cartons, mais Philippe ne lève pas le petit doigt. Il n'aime pas beaucoup Julien, qui passe quelques semaines de vacances auprès de moi, et avec ce déménagement il a le sentiment que je suis en train de lui échapper. C'est sa hantise : il sait que l'année s'annonce très difficile, qu'il va falloir trouver les mots pour que je continue à nager.

Sans Philippe pour toquer le matin à ma porte et donner le signal de me lever, je rate quelques entraînements. J'y vais à reculons. Il a beau venir me chercher en voiture, maltraiter ma sonnette pendant de longues minutes, il m'arrive de ne pas réussir à sortir de mon lit. Si je loupe un entraînement, je dois le rattraper le samedi après-midi. Mais quand il m'arrive d'en louper deux, c'est toujours un de gagné. Ou bien je me laisse vivre : je commence ma semaine par deux entraînements sérieux, des séances bien costauds. Puis les jours qui suivent, je me laisse nager, sans forcer. Sur les huit kilomètres de chaque séance d'entraînement, on est censées en nager cinq de manière vraiment intensive, avec des temps à respecter. Si j'ai décidé d'y aller à la coule, je ne respecte pas les temps. Ça met Philippe en rage mais ça n'y change rien. Il dit que je pourrais nager plus vite si j'étais plus consciencieuse. Il a raison. Mais je suis têtue.

Cette routine besogneuse, douloureuse, me semble de plus en plus difficilement supportable. Philippe le voit bien, il s'énerve, on s'engueule souvent. Ses reproches blessants, ses coups de gueule me sortent par les yeux. Je suis championne olympique et qu'est-ce que ça change ? Rien. Mon entraîneur continue de me rudoyer, du bord du bassin, toujours ses débardeurs, ses cheveux décolorés, sa quincaillerie au cou et aux poignets, ses mots vexants et ses exigences monstrueuses. J'ai dix-sept ans, j'avale du chlore depuis plus de dix ans, je n'ai rien vécu d'autre. Ma vie se réduit à cette ligne d'eau, tous les jours. Quelque chose se cabre en moi, l'ennui et la douleur mêlés.

Et puis je suis amoureuse. Et quand j'aime, je ne fais pas les choses à moitié. J'ai mon mec dans la peau, littéralement depuis que je me suis fait tatouer son prénom au bas du ventre. Je voudrais l'épouser, lui faire des enfants, Enzo et Angela. J'en suis raide dingue. L'amour est mon moteur le plus puissant, l'avenir le confirmera.

Entre Julien et Philippe, le courant ne passe définitivement pas. Mais alors pas du tout. Philippe soupçonne mon amoureux de profiter de moi, de mon succès, de ma notoriété naissante. De vouloir me monter contre lui. Ce n'est pas faux : Julien connaît bien Frédéric Vergnoux, l'entraîneur du club de Clichy. Un temps, il essaye de me convaincre de quitter Philippe pour m'entraîner là-bas.

Avec mes parents, l'ambiance n'est pas meilleure. Julien trouve que mon père, à qui j'ai confié procuration sur mes comptes bancaires, est trop présent dans la gestion de mes finances. L'ambiance se tend avec mes parents, qui ne comprennent pas comment je peux m'imaginer faire ma vie avec ce garçon. Pendant des semaines, on se parle à peine, on s'évite. Pour ne rien arranger, je rencontre Bruno Bravo, un type qui avait fait, quelques semaines avant Athènes, des films promotionnels pour la ville de Melun et ses sportifs, des clips autour de leur participation aux jeux Olympiques, je ne sais plus exactement. Il me propose d'être mon agent. Avec Julien, ils s'entendent comme larrons en foire. Très vite, ça dérape : Bruno veut une commission de 20 à 25 % sur mes contrats de sponsors, il « négocie » au Salon de l'auto un partenariat avec une marque afin d'obtenir des véhicules pour moi, Philippe et lui – enfin surtout pour lui. Il se sert de moi, de mon nom. Mon père devient très méfiant. Quant à Philippe, il dit carrément : « Celui-là, si je le croise à pied sur le périph, je lui roule dessus. »

Les représentants de mon équipementier, Arena, flairent l'embrouille. Arena me fait confiance depuis 2001, une époque où parier sur moi n'avait rien d'une évidence : j'aurais très bien pu ne jamais rien gagner. Le staff d'Arena met mon père et Philippe en garde contre Bruno et leur donne le nom d'un avocat spécialisé qui représente des sportifs de haut niveau : Didier Poulmaire. Mon père prend contact avec lui et tout se passe très vite, Bruno est congédié, Didier prend les choses en main. Cette fois, la catastrophe a été évitée.

Le 20 novembre, lors d'un meeting à La Roche-sur-Yon, je bats le record du monde du mille cinq cents mètres en petit bassin. Seule dans l'eau faute de compétitrices, je noie le record de l'Allemande Petra Schneider en 1982. Mais, à la grande fureur de Philippe, aucun membre de la fédération n'est présent. Pis : il n'y a aucun médecin pour me faire passer le contrôle antidopage, nécessaire pour que mon record soit avalisé, ce qui est ahurissant. Quelques jours plus tard, un directeur technique national fait des commentaires surprenants et pour le moins lourds de sous-entendus sur ma performance dans *L'Équipe Magazine* : j'ai nagé seule et donc l'eau de la piscine n'était pas agitée comme lorsqu'on est plusieurs, cette distance se nage habituellement en grand bassin. Bref : il fait la fine bouche, mon record du monde n'en est pas vraiment un. Philippe est littéralement hors de lui. Et moi, je suis horriblement vexée, déçue, blessée de constater que l'animosité des dirigeants de la fédération envers lui déteint sur mes résultats. C'est injuste, profondément dégueulasse.

Évidemment, Lucas ne se laisse pas faire, il monte dans les tours et prend la presse à témoin. Il veut se farcir le directeur technique et toute la bande. Ça fait un tel pataquès que le type finit par revenir sur ses propos et reconnaître que je suis une championne exceptionnelle.

Déjà que je ne suis pas très motivée… Entre cet épisode et le temps que j'ai consacré à Julien, je finis par me rendre compte que je ne suis plus aussi affûtée qu'avant les Jeux. Je fais quelques mauvaises courses, de quoi me faire assez peur pour me redonner le feu sacré. Je dois me reconcentrer, loin de Julien.

En février 2005, Philippe emmène notre groupe de nageurs à la Guadeloupe pour un stage sous les tropiques. La chaleur, la plage, le sable chaud, l'eau turquoise de la mer des Caraïbes… Entre deux entraînements, je prends la pose pour *Sport & Style*, le supplément mode de *L'Équipe*. C'est mon premier shooting. Je suis un peu dégoûtée de devoir rester coincée devant l'objectif du photographe, pendant que mes copines profitent du peu de temps libre que nous octroie Philippe pour aller à la plage ou faire du ski nautique. Je n'ai pas envie de ces photos, je me sens gauche et mal à l'aise. J'ose à peine bouger, si bien que le photographe doit sans arrêt me donner des indications pour que j'aie l'air un peu vivante. Quand je découvre le résultat, je suis surprise et heureuse : je me trouve jolie et féminine, une découverte pour moi que ma musculature de nageuse complexe un peu.

Sous le soleil qui caramélise ma peau, je me rends à l'évidence : je ne suis pas heureuse avec Julien. Sa jalousie, ses manigances m'ont lassée. Mon cœur ne vibre plus pour lui. Je lui annonce ma décision de rompre par téléphone. Je sais que c'est brutal, mais je n'ai aucune envie de l'affronter. Je suis déjà comme ça : quand je n'aime plus, c'est fini, mort et enterré. Je ne veux plus le voir ni lui parler, inutile qu'on se rencontre une dernière fois. Pour quoi faire ? Pleurnicher sur les enfants qu'on n'aura jamais ensemble ? Évoquer le bon vieux temps ? Je n'ai ni remords ni regrets, si c'était à refaire je le referais, mais quand c'est la fin, je passe à autre chose et je n'éprouve aucune nostalgie, jamais.

À la Guadeloupe, j'ai fondu pour Pierre Henri, un des nageurs du groupe de Philippe. Il est Breton, un peu plus petit que moi, un peu plus âgé (il a vingt-deux ans, j'en ai dix-huit), mais il me fait craquer avec ses cheveux en pétard. Je me dis que lui me comprendra : il est nageur aussi, nous partageons le même quotidien, le même entraîneur, j'ai un chat, lui aussi. Il cuisine pour moi, je repasse ses vêtements.

Julien ne supporte pas la rupture. Il fait la route de Gap jusqu'à Melun pour me parler. Il vient à la piscine, mais Philippe s'interpose et lui interdit de me voir. Un vrai chien de garde, quand il sait ce qui est bon pour moi ! Et il devine trop ce que j'ai sacrifié à cette liaison et ce qu'elle pourrait encore me coûter pour laisser ce garçon parasiter ma vie ne serait-ce qu'une seconde de plus. Ignorant que je suis avec Pierre, Julien se laisse escorter par lui pour récupérer quelques affaires à mon appartement. Mais il profite d'une seconde d'inattention pour voler le double de mes clés. Je suis folle de rage, je ne me sens plus en sécurité chez moi. Je retrouve mon calme quelques semaines plus tard, quand je déménage à nouveau pour un plus grand appartement, près de la piscine, avec vue sur la Seine et… la prison. Ça me change des trains et de Betty Boop ! Mon amoureux a son propre appartement, mais on dort souvent l'un chez l'autre. Plus tard, on prendra une maison ensemble.

Pierre m'encourage à me remettre au travail. En avril, je me qualifie à Nancy pour les championnats du monde de Montréal, qui ont lieu en juillet. Je décroche cinq titres : en nage libre sur quatre cents mètres, huit cents mètres et mille cinq cents mètres, en dos sur le cinquante et le cent mètres. Je sens que je retrouve mon niveau, les sensations reviennent, l'envie de gagner aussi. Je sais que je suis passée tout près de la catastrophe : c'est déjà tellement difficile d'être champion quand on travaille dur, alors quand on s'entraîne mal… Il ne faut pas se faire d'illusions. J'ai beau briller aux championnats de France, il me faut encore confirmer que je n'ai pas été couronnée de laurier par hasard à Athènes.

Les journalistes commencent à parler de moi pour autre chose que mes performances sportives : la présence de Pierre à mes côtés ne passe pas inaperçue. On nous voit ensemble partout. À Cannes, nous montons les marches du Festival, moi tout en noir, en robe du soir dos nu et cheveux bouclés, lui en smoking et nœud papillon. On a l'air de deux gosses, un peu égarés, un peu endimanchés, mais tellement heureux d'être là ! Au Grand Prix de Monaco, je croise Zinedine Zidane, qui me donne des conseils de grand timide à grande timide pour gérer les sollicitations innombrables qui pleuvent sur les sportifs connus. À Roland-Garros, je suis choisie pour remettre la coupe Suzanne Lenglen à Justine Henin, qui a remporté le tournoi.

Juillet arrive et me voilà à Montréal. Mon père et Florent sont venus me voir nager, Pierre est là aussi. La compétition commence par le quatre cents mètres nage libre, ma distance de prédilection, celle sur laquelle je n'ai pas droit à l'erreur.

Je ne me sens pas complètement à l'aise, quelque chose cloche, j'ai du mal à entrer dans la compétition. Peut-être que j'ai peur. Philippe repère mon malaise. De toute façon, difficile de le lui cacher : à l'échauffement, je pars en crawl quand il me demande du dos, j'oublie mes affaires, j'ai la tête ailleurs – mais où ? J'appréhende tellement cette course internationale, presque un an après mon sacre… Vais-je y arriver ? Suis-je vraiment la championne qu'on reçoit à l'Élysée en grande pompe, ou seulement une imposture en maillot de bain ? Est-ce que je mérite, moi la débutante, de rafler les titres que tant de grands sportifs n'ont pas réussi à décrocher après plusieurs années de carrière ? Est-ce que je l'ai vraiment, ce truc en plus auquel Philippe croit si fort ? Est-ce que moi, j'y crois encore ?

Lors des séries, je frôle l'élimination : huitième sur huit, avec un temps horrible, à pleurer de honte : 4 minutes 11 secondes et 46 centièmes : plus de 5 secondes de plus que mon temps d'Athènes, alors que je détiens le record d'Europe et le meilleur temps de l'année sur cette distance. À 29 centièmes de seconde près, je faisais mon sac, retour en France en classe minable. Pas de quoi pavoiser, encore moins de rêver. Ça n'est pas gagné, vraiment pas. Je craque, je pleure dans le bassin de récupération. Je sais que tout le monde va me tomber dessus, la fédération, les journalistes.

Je serai celle par qui la déception est arrivée, la petite princesse déchue. J'ai appris que le journaliste de *L'Équipe* avait préparé deux articles, l'un en cas de victoire, l'autre en cas d'échec. Le journal pourra titrer sur la désillusion Manaudou, me faire tomber de mon piédestal aussi vite que j'y suis montée. Je suis écœurée par ce que je perçois comme du cynisme, un manque de respect pour la souffrance et l'abnégation des grands sportifs.

Je m'attends à perdre et je le confie à Philippe, en essayant de me consoler comme je peux : après tout, des championnats du monde, il y en a tous les deux ans. Je réussirai mieux la prochaine fois. Peut-être…

Je lis dans le regard de mon entraîneur que ça ne va pas se passer comme ça. On nous appelle « Le père Fouettard et la boudeuse » mais ce n'est pas son martinet qu'il sort ce jour-là. Pour une fois, il range la schlague au vestiaire et, comme un marionnettiste patient, il sort sa clé à remonter le mental et entreprend de la tourner, tourner, tourner jusqu'à ce que je retrouve la niaque. On s'isole à l'hôtel, dans ma chambre. Ce qui fait de lui un entraîneur hors norme, c'est sa capacité à s'adapter aux situations. Il a compris qu'il ne servirait à rien de me crier dessus. Il me parle, lentement, posément. Il me caresse la joue, me prend par les épaules, comme un père. Calmement, il m'explique que je n'ai plus rien à perdre : ce matin, j'ai été la dernière, la plus nulle. Mais ça n'a pas d'importance. Après tout, partir dans la ligne 4, 2 ou 8, qu'est-ce que ça peut faire ? La seule chose qu'il sait, c'est que je vais gagner, et pour ça il a confiance en moi. Je me suis entraînée comme une bête, j'ai les qualités physiques pour réussir, l'endurance, la force, la puissance. Il passe en revue mes concurrentes, Ai Shibata, Camelia Potec, Caitlin McClatchey et les autres, me rappelle leurs points forts, leurs points faibles. Il me répète que je suis taillée pour cette course, qu'elle m'appartient. Il me suffit de le vouloir, coûte que coûte.

Lui aussi risque gros. Si j'échoue, notre tandem ne résistera sans doute pas à cette défaite. On déjeune ensemble, puis il m'expédie faire ma sieste.

Dans ma bulle, j'essaye de me convaincre que je peux réussir. Juste avant la course, Philippe en remet une couche. J'ai oublié mon survêtement, il a peur que je me refroidisse. J'ai l'œil dans le vague, il me recadre une dernière fois : je me suis entraînée tellement dur pour être là. Si je donne tout, si je gagne, je pourrai partir en vacances, là, tout de suite. Sans même attendre la fin de la compétition, sans nager aucune autre course. Je gagne, et ça sera fini, je serai délivrée. J'aurai mérité ma récompense. À l'époque, mes congés se résument à trois jours l'hiver, trois jours en avril, et trois semaines l'été. Jamais assez. Il me connaît tellement bien… Les vacances, c'est ma libération, le sentiment d'avoir une vie à moi. La liberté, celle de me lever tard, de faire ce que je veux de mes journées. De ne pas nager.

Ses mots font tilt, je ne pense plus qu'à ça : mes vacances. J'entre en chambre d'appel avec la certitude que je vais réussir. Florent et mon père sont venus me voir nager, Pierre est auprès d'eux dans les gradins. À la huitième ligne, tout au bord du bassin, je ne peux pas voir les autres mais elles ne peuvent pas me voir non plus. Je vais nager cachée. À l'extrême gauche du bassin, je prends un de ces départs dont j'ai le secret : un boulet de canon projeté dans l'eau de la piscine. Je ne nage pas pour les autres, je nage pour moi et moi seule. Une longueur après l'autre, je garde mon avance. J'ai mal, mais je serre les dents. La douleur irradie tellement dans mes jambes que j'ai du mal à pousser dans le dernier virage. Encore cinquante mètres... Je tape le mur 30 centièmes de seconde avant Ai Shibata, qui m'avait battue sur le huit cents mètres d'Athènes, et Caitlin McClatchey. J'ai nagé presque cinq secondes plus vite que le matin. J'ai fait la meilleure performance mondiale de l'année. J'ai gagné, je n'en reviens pas ! Je sais que je viens d'accomplir la plus grande course de ma carrière, au niveau de la pression et du mental.

Sur le podium, j'en pleure de joie et de soulagement, moi qui suis réputée pour ne jamais laisser transparaître mes émotions. Je suis la deuxième championne du monde de toute l'histoire de la natation française après Roxana Maracineanu, qui avait décroché le titre à Perth en 1998. De toutes mes victoires, c'est l'une des plus intenses, des plus folles, des plus inespérées.

Philippe tient sa promesse et m'autorise à partir. J'insiste cependant pour nager le mille cinq cents mètres, mais je finis douzième des séries. Je m'aligne aussi sur le quatre fois deux cents mètres et je finis cinquième avec l'équipe de France. Philippe savait ce qu'il faisait en me promettant des vacances. Il se doutait qu'après une telle performance je ne pourrais plus rien donner. Qu'après cet effort dingue je serais cramée, carbonisée, incapable de réitérer l'exploit. Mieux vaut ne faire qu'une seule course et la gagner de manière héroïque, plutôt que de m'aligner sur d'autres distances pour décevoir. Je fais mon sac pour cinq semaines de vacances avec Pierre, autant dire mon programme idéal.

– 6 –

Coup de foudre à Budapest

À quoi ça tient, l'amour ? Pourquoi on s'aime tant, et puis un jour plus rien ? Pourquoi la peau de l'autre, dont vous ne pouviez pas vous passer, vous devient étrangère presque du jour au lendemain, sans raison apparente, au point que le dégoût s'installe ? Juin 2006 : je crois que je n'aime plus Pierre. Je le sais, je le sens. Ça fait des semaines que le malaise grandit entre nous. Pourtant, nous avons emménagé en avril dans une grande maison de cent mètres carrés, avec mon chat Armony et son chat Popeye. Il fait à manger, je grignote des bonbons, puis on s'affale sur le canapé pour zapper sur notre immense écran plasma avant de retourner à l'entraînement à bord de sa Citroën C4 grise. On vit comme un petit couple, tranquille et sans histoires. Du haut de mes dix-neuf ans, c'est peut-être ça qui me pèse.

Ces derniers mois, j'ai tout gagné, explosé des records de France, d'Europe, du monde, atomisé mes concurrentes. À Tours, en mai, j'ai survolé les championnats de France, raflé neuf titres nationaux et même battu le record du monde du quatre cents mètres nage libre, un temps mythique détenu depuis dix-huit ans, depuis les Jeux de Séoul en 1988, par l'Américaine Janet Evans. Ça faisait un moment que je rêvais secrètement de le dégommer, et c'est chose faite. Je brille.

Je suis une championne olympique, une championne du monde, je papillonne de sollicitation en sollicitation. On me demande, on me courtise, et ça devient difficile pour Pierre, qui peine alors à dépasser le niveau national. Plus tard, il décrochera un titre de champion d'Europe au quatre cents mètres quatre nages et réussira à se qualifier pour les jeux Olympiques de Pékin. Mais pour l'heure, il n'est que le prince consort, le « mec de Laure Manaudou » en légende des photos des magazines. Depuis des mois, je le trouve de plus en plus jaloux, possessif, exclusif. Comme moi, il ne supportait plus de lire le prénom de Julien tatoué sur ma peau, et voulait que je le fasse recouvrir. J'étais d'accord, mais on a fait ça dans la précipitation, sur un coup de tête lors d'un séjour à Sainte-Marine, chez lui, en Bretagne. Sans que j'aie vraiment eu le temps de penser au motif qui pourrait convenir, Pierre m'a embarquée chez un mauvais tatoueur qui n'a manifestement pas eu envie de se casser la tête : il a dessiné un gros lézard noir, une sorte de salamandre dégueulasse qui promenait ses grosses pattes sur mon ventre ! J'avais beau être horrifiée du résultat, Pierre était content : Julien disparaissait enfin… Depuis, j'ai profité d'une abdominoplastie, à la suite de ma grossesse, pour faire disparaître le lézard à son tour.

Cette expérience ne m'a cependant pas dégoûtée des tatouages. Aujourd'hui, on peut lire ma vie sur ma peau, qui porte les traces de tout ce que j'ai vécu. Outre les prénoms de mes ex, que j'ai fait effacer, je porte une étoile martelée de trois points au poignet, qui représentent mes frères et moi, comme ces trois autres étoiles que j'avais faites à l'intérieur de mon coude droit en arrivant à Marseille, symbole de mon amitié pour deux filles avec lesquelles je me suis brouillée ensuite ; je me ferai également dessiner le prénom de Manon orné d'une grande fleur de lis dans le cou ; une plume indienne sur les côtes ; en hommage à l'amour qui dicte mes choix, je ferai inscrire *« Love is the essence of life »* sur mon avant-bras gauche et le mot *« Love »* sur le majeur droit ; *« Be free, stay strong »* à l'intérieur d'une de mes cuisses et enfin, en très grand dans le dos, courant le long de ma colonne vertébrale, une phrase de Nelson Mandela : *« Do not judge me by my successes, judge me by how many times I fell down and got back up again »* – ne me jugez pas sur mes succès, mais sur combien de fois je suis tombée et me suis relevée. Tous parlent de moi, de mes amours et de mes échecs. J'en efface certains, devenus trop envahissants !

*

* *

Je pars en stage à Canet-en-Roussillon pour préparer les championnats d'Europe de Budapest, qui ont lieu début août. Je me suis qualifiée haut la main – et pas Pierre, qui n'est pas parvenu à décrocher son ticket pour la Hongrie. J'ai bien travaillé, je me sens invincible, ou presque.

Mais Pierre ne me lâche pas. Notre passion tourne au naufrage. Pierre ne prend pas soin de lui, son côté « nature », qui m'avait attirée au début de notre histoire, commence à me dégoûter. J'essaye de lui dire que je ne l'aime plus, que je veux arrêter. Il n'a pas l'air d'entendre.

Il vient jusqu'à Canet, me supplie, pleure, me fait un tel cinéma qu'il parvient à m'apitoyer. Ses larmes m'émeuvent, je suis bouleversée qu'on puisse à ce point tenir à moi. On se rabiboche quelque temps à mon cœur défendant, et il repart dans sa Bretagne, tandis que je poursuis mon entraînement.

Il ne va pas en rester là. De retour chez lui, il me demande de lui envoyer des photos de moi. Une par jour. Naïvement, je m'exécute, en commençant par faire des images « normales ». Mais il se montre plus insistant : je lui manque, il a envie de moi, il veut me voir dénudée davantage.

Je résiste un temps, mais il revient à la charge. Je sais que je ne veux plus de lui, est-ce que je pense lui faire ce dernier cadeau parce que j'ai mauvaise conscience ? Parce que je m'en veux de l'abandonner alors qu'il dit m'aimer encore ? Pour qu'il me foute la paix ? Parce que le jeu est excitant ? Je ne sais plus. Je sais seulement qu'il insiste tant que je me laisse avoir.

En amour, je peux être influençable, je le sais. Ça m'a souvent joué des tours. Comme avec ce garçon de vingt-cinq ans qui me tournait autour quand j'en avais quinze. C'était un nageur de mon groupe, un type collant. Je voyais ses yeux rivés sur moi, je n'aimais pas la façon dont il me regardait, sa manière de me suivre. Quand je rentrais chez Philippe après l'entraînement, j'essayais de prendre un chemin différent du sien pour éviter qu'il me raccompagne. Je ne voulais pas rester seule avec lui, il me faisait peur. Je ne sais pas pourquoi, j'ai fini par céder. Je me suis retrouvée au lit avec lui. C'est comme si je m'étais sentie obligée. Coincée. Ça s'est passé dans l'appartement d'un autre nageur. Si j'avais été plus proche de ma mère, je lui en aurais parlé, elle m'aurait mise en garde. À vrai dire elle a essayé de me mettre en garde, à sa façon, mais chaque fois qu'elle abordait la question de la sexualité avec mes frères ou moi, nous évitions le sujet, nous lui riions même au nez, prétextant qu'on nous avait déjà tout expliqué en cours. Comment lui dire qu'en réalité nous étions gênés d'aborder ce sujet avec elle ? Lorsque c'est arrivé, je n'ai pas osé, je me suis sentie seule. Avec ce mec de dix ans mon aîné, dans cet appartement. On ne l'a fait qu'une fois, et ça ne m'a pas plu. En se rhabillant, il m'a demandé si c'était vrai que tout le club m'était passé dessus. J'étais vierge, j'étais une gosse, et ce salaud qui m'avait quasiment forcée me traitait de traînée… Après ça, je me suis tenue à distance. Inutile de dire que je n'ai pas voulu recommencer. J'aurais donné n'importe quoi pour le rayer de ma mémoire.

Avec Pierre, je n'ose pas non plus dire non. Il veut ses photos ? Je m'exécute. Il me donne des indications, réclame des poses, de plus en plus osées, sous toutes les coutures. Et, comme une conne, je fais ce qu'il me dit. En débardeur, en minishort, puis en slip, en string, et finalement plus rien… Dans le secret de ma salle de bains, sur fond de carrelage blême, sous la lueur électrique du néon, je m'effeuille pour les beaux yeux d'un garçon que je n'aime plus. Bientôt, je suis entièrement nue, et même plus que nue. Je dévoile mes seins, mes fesses, mon sexe. Je ne sais pas pourquoi j'obéis, pourquoi je réponds à ses exigences. Et j'expédie un MMS par jour, durant les quelques semaines qui me séparent des championnats d'Europe. L'idée m'effleure que je lui envoie des balles pour m'abattre, que ces clichés sont comme un pistolet chargé dans les mains d'un amant congédié. Mais je chasse ce pressentiment, trop dérangeant, trop insupportable pour que je m'y attarde. À cet instant, je ne veux pas croire qu'il pourrait s'en servir contre moi. C'est notre intimité à tous les deux que je remets entre ses mains. Je fais ça pour lui, il ne peut pas me faire du mal. Il m'aime, il me l'a dit et répété, il en a même pleuré dans mes bras. S'il m'aime, il n'en fera rien. S'il m'aime…

Pourtant, ce manège me met de plus en plus mal à l'aise et, juste avant mon départ pour Budapest, je romps à nouveau. Cette fois, c'est pour de bon. Assez joué : je ne peux pas continuer à me mentir, à lui mentir. Je veux vivre ma vie sans lui, me libérer de son amour étouffant, de cette prison sentimentale qui m'oppresse et m'écœure désormais.

Ça n'empêche pas Pierre d'escorter mes parents et mon grand frère Nicolas, venus me voir nager. Il est là, partout, tout le temps, collé à eux, comme s'il croyait me récupérer en les apitoyant. Il m'exaspère, et j'enrage d'autant plus que Nicolas le console et prend son parti : selon lui, je ruine ma vie en quittant Pierre ! S'il savait… Peu lui importe ce que je pense : Nicolas aime bien Pierre et, si Pierre est triste, c'est que je suis méchante. De nos rivalités d'enfance, il faut croire que tout n'est pas digéré. Mais je ne vais pas commencer à m'expliquer, ni tenter de justifier mes choix sentimentaux auprès de mon frère alors que j'ai une compétition internationale à disputer.

Trois jours durant, mon ex-amoureux pleurniche dans les jupes de mes parents pendant que je me défonce dans l'eau, enchaînant les victoires. Il faut croire que ma colère de le voir là décuple ma rage de gagner. Qu'il est loin, ce jour où son échec aux qualifications des championnats de France m'a mis les larmes aux yeux ! J'étais désolée qu'il ne vienne pas avec moi à Budapest, je trouvais son échec injuste, à quelques centièmes de seconde près, on aurait nagé ensemble. Les dernières braises de mon amour pour lui, avant que le feu ne s'étouffe.

À présent, je suis bien loin d'éprouver de la compassion pour lui. Je déteste sa manière de s'accrocher à moi, j'en suis d'autant plus irritée. Je décide de l'ignorer. Je suis en Hongrie pour disputer une compétition internationale dans le sublime bassin de l'île Marguerite, ce jardin alangui entre les bras du Danube. J'ai d'autres chats à fouetter.

Pourtant, j'ai du mal à entrer dans la compétition. C'est l'un de mes points faibles, Philippe le sait. Il m'attend au tournant. Je ne le détrompe pas : je me plante, et dans les grandes largeurs. Le quatre cents mètres quatre nages est loin d'être ma spécialité, mais pas au point de faire le dix-huitième chrono de l'épreuve ! Philippe, qui craint de revivre le scénario de Montréal, multiplie les déclarations furibardes. On s'envoie des piques par médias interposés : j'insinue qu'il m'a trop poussée à l'entraînement, il réplique qu'il avancera la date de mes vacances si je continue à me vautrer ; j'explique que l'entraînement m'a vidée, il me traite de touriste… Il m'assène le coup de grâce en annonçant à la presse que je serai forfait aux séries du deux cents mètres quatre nages et à celles du cent mètres dos. Je suis dégoûtée ! Je lui demande de revenir sur sa décision : je me sens capable de tout nager, de tout gagner, je ne peux pas me rendre sans avoir combattu ! Comme il est très malin, il fait mine de se laisser fléchir avant d'annoncer le lendemain que j'ai « trouvé les bons mots » pour le faire changer d'avis, qu'il n'y a que les cons qui ne reviennent pas sur une décision. Tu parles ! Ce rusé a tout manigancé pour éperonner mon orgueil et m'obliger à montrer ce que j'ai dans le ventre. Je suis tenue à la victoire.

Ma copine Esther Baron ouvre les festivités en gagnant l'or sur le deux cents mètres dos. Cinq minutes plus tard, j'emporte le titre sur le huit cents mètres. Ça débute bien ! Et ça commence à peine… En trois jours complètement dingues, j'engrange les succès. À chaque fois que je tape le mur, j'arbore un sourire radieux, béat, celui de la fille qui est sur un nuage mais qui a envie de crier : « Attendez, ce n'est pas encore fini ! » J'ai à peine le temps de grimper sur les podiums pour entendre éclater *La Marseillaise* que je dois retourner à l'eau.

La fatigue glisse sur moi comme l'eau chlorée sur le textile high-tech de ma combinaison. J'enchaîne les courses comme d'autres enfilent des perles, les journalistes n'en croient pas leurs yeux, certains me couvrent de superlatifs, d'autres me comparent au légendaire Mark Spitz, l'homme qui a glané sept titres olympiques à Munich en 1972, l'un des plus grands nageurs de tous les temps. Et moi je bois du petit-lait.

Pour la première fois, je laisse éclater ma joie devant les caméras, je prends des poses, dévoile l'éclat d'or blanc du clou que je porte à la langue depuis que je l'ai fait piercer l'année passée, avec mon frère Nicolas. J'exhibe mes faux ongles interminables, manucurés de bleu-blanc-rouge. Je les porte ainsi depuis Athènes, mais ils sont plus longs que jamais : j'arrive à peine à taper sur les touches de mon téléphone portable, ce qui représente un vrai handicap pour une maniaque des SMS comme moi ! J'ai commencé la manucure pour faire joli parce que, en combinaison, bonnet et lunettes de piscine, les nageuses n'ont pas une marge de manœuvre énorme pour jouer les coquettes. Mais j'ai aussi découvert qu'ils m'avantagent pour nager : plus ils sont longs, plus ils fonctionnent comme des mini-palmes, offrant plus de résistance dans l'eau. Sans parler des quelques millimètres gagnés au moment de toucher le mur. Ça peut sembler infime mais, dans le sport de haut niveau, la différence se joue sur des poussières de temps et de distance.

Pour clore le week-end en beauté, je bats à nouveau mon propre record du monde du quatre cents mètres nage libre. Bilan : un record d'Europe et deux records de France, sept médailles dont quatre en or – y compris le deux cents mètres quatre nages et le cent mètres dos, sur lesquels Philippe m'avait annoncée forfait... –, égalant le record de titres dans un même championnat d'Europe détenu par l'Est-Allemande Ute Geweniger (1981) et la Hongroise Krisztina Egerszegi (1993). De la folie pure.

En dehors du superbe bassin de l'île Marguerite, où nous nageons, je suis tout autant en pleine forme, totalement déchaînée. Épanouie. Comme si ma rupture avec Pierre m'avait délivrée de chaînes imaginaires. Dans l'ascenseur de l'hôtel où nous logeons, je chahute tellement avec Sébastien Rouault, un autre nageur de l'équipe de France, que je m'ouvre le doigt à quelques minutes d'une course. J'ai si peur de me faire engueuler par Philippe que je préfère ne rien dire et entourer mon index droit d'un simple morceau de ruban adhésif ! Sur les photos, on me verra avec ce doigt scotché, comme une écolière un peu dissipée. Et je gagne, encore et encore. Ce triomphe, je n'ai aucune intention de le voir gâché. Par qui que ce soit. Je ne veux qu'une chose : savourer, profiter, faire la fête. Oublier Pierre, et ce qu'il m'a fait faire.

Je suis la reine de la compétition mais, pour moi, l'essentiel n'est pas là. J'ai envie de m'étourdir de joie, de bonheur et d'amitié. C'est la première fois que je me sens aussi bien au sein de l'équipe de France, aussi à l'aise dans un groupe, moi, la timide maladive. Je me sens libre, enfin.

Évidemment, toute médaille a son revers – alors sept ! Le dimanche soir, juste avant la soirée de clôture, Didier Poulmaire, mon avocat et agent, a organisé un duplex avec des chaînes de télévision, « Stade 2 » et les journaux télé du soir. Je n'ai pas la moindre envie de répondre aux questions des journalistes. J'ai tout donné sportivement, supporté les lamentations de mon ex et les sermons de mon frère, je cueille enfin les fruits d'une année d'entraînement monstre et je veux qu'on me foute la paix, qu'on me laisse m'amuser et profiter de cette soirée. Au lieu d'expédier la corvée, je commets l'erreur de me faire porter pâle : à Didier, je prétexte un terrible mal de crâne et je file en courant me préparer pour la soirée. Je veux avoir le temps de m'apprêter, de choisir la plus belle robe, de me maquiller, de me coiffer pour briller aussi une coupe de champagne à la main.

C'était bien sûr idiot et sacrément naïf d'imaginer que mon stratagème ne serait pas éventé : trois heures plus tard, on me voit au Club France, un grand sourire aux lèvres, visiblement radieuse. Elles sont rares, les occasions de se réjouir, de profiter pleinement de nos lauriers chèrement conquis. Les journalistes ne comprennent pas. Ils ne peuvent pas comprendre, eux qui estiment que je leur dois des choses, des comptes, une forme de reconnaissance. Plus tard, j'ai compris que les journalistes font notre notoriété, qu'il faut leur donner pour qu'ils nous rendent. Mais là, j'ai dix-neuf ans, je suis à peine une adulte, je n'arrive pas à leur parler normalement, personne ne m'a appris à répondre à leurs questions. J'aurais bien besoin d'un coach pour ça aussi, mais Philippe est entraîneur de natation, pas spécialiste de media-training. Les journalistes pensent que je les snobe, que je me fous de leur gueule, alors que j'ai seulement envie de rire, de faire la fête, de m'enivrer. Et de recroiser le chemin de ce beau brun au prénom prédestiné : Luca…

*

* *

En décembre 2005, aux championnats d'Europe en petit bassin de Trieste, j'avais déjà repéré sa jolie petite gueule de *latin lover*. À Budapest, ma copine Anne-Sophie Le Paranthoën a fait les présentations dans sa chambre du Thermal Hotel, où nous logions. Luca était venu avec son ami Filippo Magnini, un super nageur italien. Entre les équipes française et italienne, il y a souvent des rapprochements, comme si on était aimantés les uns par les autres. Avec Luca, on s'est croisés pendant les épreuves, on a échangé des regards, juste assez pour vérifier qu'on se plaisait. Il a remporté une médaille d'argent sur le quatre cents mètres quatre nages, la spécialité de Pierre. À la soirée de clôture, on se retrouve sur la terrasse de l'hôtel où la fête bat son plein. Je ne parle pas italien, il ne parle pas français, alors on s'embrasse puis on fait l'amour, avant d'échanger nos numéros en promettant de s'écrire, comme dans les amours de vacances.

Mais je ne suis pas le genre qui aime à moitié. Celui-là, j'en suis folle, direct. Je plane complètement. Je viens de confirmer que je suis bien l'une des meilleures nageuses de l'histoire de la natation, et mon cœur bondit dans ma poitrine pour celui qui est forcément l'homme de ma vie. Pierre n'existe plus, Pierre n'a même jamais existé en comparaison de ce que je ressens pour ce beau brun aux yeux noirs dont le sourire me rend littéralement raide dingue. On a le même âge. Il est tout ce que Pierre n'est pas.

Je me sens invulnérable, comme si j'avais gravi l'Everest et que je contemplais le monde du haut de mon bonheur.

J'ignore encore que, plus on grimpe haut, plus la chute est rude.

– 7 –

De Lucas à Luca

Amoureuse, c'est tout ou rien. Et quand j'aime, je me fous de tout le reste, pourvu que ça aille bien côté cœur. Je suis une grande sentimentale, ça n'est pas un secret. En ce mois d'août 2006, en rentrant de Budapest, j'ai l'impression de vivre un conte de fées. Luca Luca Luca… Je ne pense qu'à lui. Je chanterais son nom à tue-tête si on me laissait faire ! On ne s'est rien promis, mais je sais déjà qu'il va beaucoup compter. Après notre première soirée, je le bombarde de textos. Pour lui demander ce qu'il fait, pour lui dire que je pense à lui, pour savoir quand on se reverra… Pour tout et pour rien. Lui semble plus réservé, jusqu'au jour où il m'invite en vacances en Italie, sur la côte amalfitaine. On se retrouve à Capri, sur un yacht, entre la mer turquoise et les montagnes qui tombent droit dans la mer, les villages de pêcheurs accrochés aux falaises, les cascades de bougainvillées mauves, le parfum entêtant du jasmin… C'est magique, romantique, sublime. Il est l'homme de ma vie, j'en suis certaine, et je fonds chaque jour un peu plus pour son sourire et son regard de braise. C'est Marco Durante, le président de LaPresse, le club de Luca, qui a tout organisé. Il nous couve comme un papa gâteau veille sur ses poules aux œufs d'or… Car LaPresse n'est pas qu'un club sportif turinois : c'est aussi une agence de… photos de presse, comme son nom l'indique.

Quelques indices troublants auraient dû éveiller mes soupçons. Comme l'étrange manège aérien de cet hélicoptère qui tourne sans répit au-dessus de nos têtes alors que nous nous embrassons sur le pont du bateau… Je commence à comprendre quand les photos de Luca et moi sortent dans les gazettes people italiennes, quelques jours à peine après notre escapade. Je suis célèbre, Luca pas encore, mais notre couple promet de rapporter gros. Grâce à moi, Durante gagne beaucoup d'argent. Ça devrait me mettre la puce à l'oreille, mais je m'en fous : j'aime Luca, Luca jure qu'il m'aime, je suis incapable de considérer la situation avec lucidité.

À la fin des vacances, la mort dans l'âme, il faut bien que je m'arrache à mon amoureux pour retourner m'entraîner. De retour d'Italie, je fais halte à Ambérieu pour inaugurer le nouveau complexe nautique baptisé en mon honneur. Je savoure ce moment, moi qui en ai tant bavé dans ce club dont mon père est désormais le président, et mon grand frère l'entraîneur diplômé depuis un an. Désormais, mes ennemis de l'époque barboteront dans une piscine à mon nom, sous mon portrait géant. J'avoue : l'idée que ça les emmerde me procure un certain plaisir…

Je rallie Canet-en-Roussillon, où Philippe vient de prendre la direction du club de natation de la ville. Nous sommes en terrain connu : il a, depuis des années, l'habitude d'y organiser nos stages préparatoires avant les grandes compétitions. Adieu Melun, où j'ai débuté, où Philippe a grandi, où il entraîne des nageurs depuis plus de vingt ans – depuis 1983 exactement. Ça lui arrache le cœur de lâcher le club où il a commencé sa carrière d'entraîneur, dont son père avait été président, mais avec des nageurs de mon niveau et les ambitions qui sont les siennes, il doit changer de dimension. Canet lui offre les moyens que Melun ne peut pas lui donner.

De mon côté, je ne m'en plains pas. La mer, le soleil, les Pyrénées-Orientales, ça me va bien. La ville a un air de vacances, avec son immense bande de sable blanc et ses palmiers, les montagnes qui se découpent au loin. C'est plus facile d'aller nager sous le ciel bleu que sous la pluie. Je me dis aussi que je me rapproche de Luca même si, en réalité, c'est loin d'être le cas.

Je n'ai plus qu'une idée en tête : le rejoindre. Philippe comprend très vite que ça va devenir un problème. Quand j'ai un mec dans la peau, il sait qu'il ne peut rien y changer. Qu'il n'y a rien d'autre à faire que prendre son mal en patience. Même s'il est triste pour Pierre Henri – il l'aime bien, il l'appelle « le gamin » –, qui s'entraîne aussi à Canet. Même s'il pressent que je suis sur le point de lui échapper. Et pas seulement à cause de Luca.

Nous avons un objectif commun : les championnats du monde de Melbourne, en mars 2007. Je dois bosser dur pour confirmer que je suis la meilleure et effacer le souvenir de Montréal, où nous nous étions fait si peur. Pourtant, ma relation avec mon pygmalion est en train de tourner au vinaigre. J'ai grandi. Je supporte de moins en moins bien son autoritarisme au bord du bassin, sa manière de me mettre la pression en me parlant comme à un chien. Il ne s'en est probablement pas aperçu, mais j'ai vingt ans, je suis une femme. Et on ne s'adresse pas à une adulte comme à une adolescente de quatorze ans. Je n'en peux plus de m'entendre traiter de « tringle » ou de « clé de douze » parce que je n'ai pas forcement l'énergie de me mettre à l'eau, à 6 heures du matin, par n'importe quel temps, pour enchaîner huit kilomètres. La natation, c'est de l'effort, de la douleur, un sacerdoce. J'ai besoin que Philippe en fasse cas, qu'il le reconnaisse, qu'il comprenne que c'est dur, même si je suis récompensée par mes victoires.

Mais il en est incapable : il croit que je prendrais sa compassion pour de la faiblesse. Or pour lui, l'entraînement c'est une main de fer dans un gant d'acier.

Depuis la première alerte d'Athènes, mes épaules me font régulièrement souffrir. J'ai des tendinites à répétition, des problèmes de cartilage. Le sport de haut niveau met le corps à rude épreuve, il l'use prématurément. Comme je ne m'hydrate pas assez, j'ai aussi beaucoup de crampes. La crampe, c'est une souffrance fulgurante, tétanisante. L'une d'elles, mémorable, est restée gravée dans mon esprit comme une marque au fer rouge. Elle m'avait saisie au milieu du bassin de vingt-cinq mètres, à Ambérieu. J'avais onze ou douze ans et, soudain, en plein entraînement, j'ai senti une mâchoire d'acier se refermer sur mon mollet. Une morsure atroce, au point que j'ai eu du mal à rejoindre le bord du bassin. J'en ai boité pendant quatre ou cinq jours. J'ai beau savoir qu'il faut boire beaucoup avant et pendant l'effort, j'ai toujours eu du mal à m'entraîner le ventre plein, gonflé : je me fais l'effet d'une baleine. Nager ballonnée ou supporter les crampes, tu parles d'un choix ! De toute façon, la douleur fait partie du décor, il faut apprendre à faire avec, comme pour le reste.

Quoi que mon entraîneur en pense, au quotidien, je suis seule dans l'eau à devoir me battre contre mon envie de m'enfuir, de tout plaquer. Deux longues séances de travail quotidiennes, en face à face avec moi-même, rien d'autre à faire que nager comme un robot en ressassant mon ras-le-bol, mon amertume, dans ce cocon liquide où l'esprit vagabonde et tourne en rond.

L'adolescence que je n'ai pas eue me rattrape. J'ai des envies, légères et futiles, de jeune femme ordinaire. Je trompe l'ennui comme je peux. L'ennui, mon ennemi de toujours… Entre deux victoires, il revient me submerger à nouveau. Je tente de lui échapper au bras de ma copine Esther, avec qui j'aime voler quelques heures pour jouer aux filles de notre âge, en faisant un peu de shopping entre deux entraînements. Comme on n'a pas le permis – pas le temps ni l'envie de prendre des leçons –, on saute dans un taxi deux ou trois fois par semaine, destination le centre-ville de Perpignan. On sèche la sieste réglementaire pour arpenter les magasins, bras dessus bras dessous. On rentre vers 15 h 30, juste à temps pour l'entraînement de 16 heures, les bras chargés de paquets, après avoir marché pendant des heures. Crevées, mais heureuses. Il nous arrive même de ne pas rentrer à l'heure… Philippe fait la gueule mais on s'en fiche. On est grandes, ses airs de pit-bull ne nous impressionnent plus.

Je commence à gagner pas mal de sous. Mais je n'ai jamais eu un tempérament de flambeuse, et je suis loin d'être une femme d'argent. Ça m'intéresse tellement peu que je serais bien incapable de dire combien j'ai sur mon compte en banque.

Je sais que c'est un luxe de ne pas avoir à m'en soucier quand j'entre dans une boutique de fringues pour m'offrir un nouveau pull ou une paire de chaussures. Mais je fais mon shopping chez H&M, Zara ou Mango, comme n'importe quelle fille de mon âge. Je me lasse vite de mes vêtements, j'aime changer souvent, alors à quoi bon payer un pantalon 500 euros si c'est pour m'en lasser six mois plus tard. Même si j'ai de l'argent, je trouve ça idiot, je ne peux pas. À part cette unique fois, quand j'ai touché la prime de mes trois médailles aux jeux Olympiques d'Athènes – 75 000 euros, autant dire une fortune pour une ado de dix-sept ans. La première chose que j'ai faite, c'est d'aller avenue Montaigne, d'entrer dans une boutique Chloé et de m'offrir un tee-shirt à 321 euros. Je me souviens encore du prix tellement c'était cher pour un si petit morceau de tissu, tellement insignifiant. Ça m'a fait bizarre mais j'étais contente. Je voulais savoir ce que ça faisait d'avoir de l'argent, de pouvoir le dépenser sans compter dans de beaux magasins, sur l'avenue la plus chère de Paris. Je vivais à Melun, j'étais une petite provinciale, j'allais à Paris une fois par mois à peine, comme tous les banlieusards de la grande couronne qui débarquent du RER sur les Champs-Élysées, les yeux écarquillés. Entrer dans cette boutique, c'était comme un rêve, soudain j'étais Julia Roberts dans *Pretty Woman*. Le prix de ce tee-shirt, je n'ai jamais osé l'avouer à mes parents. Ma mère m'aurait regardée avec des yeux ronds. Elle m'aurait dit qu'à ce prix-là, j'aurais pu m'en payer dix, des tee-shirts. Et bien sûr, c'est vrai.

Depuis toujours, c'est mon père qui s'occupe de mes sous. Il travaille dans la banque, je sais qu'il veille sur mes intérêts, avec la prudence du bon père de famille qu'il est. Il sait très bien ce qu'il faut faire avec l'argent : ne prendre aucun risque. C'est lui aussi qui gère ma société, Swimming Dream, qui négocie mes droits à l'image et les contrats de sponsoring. C'est tout le contraire de ces parents qui vampirisent leur enfant prodige, comme on en voit parfois dans le sport ou le show business. Jamais les miens ne m'ont demandé quoi que ce soit. Jamais ils n'ont profité de la situation. Quand ils n'ont pas les moyens de s'offrir les billets pour une compétition, je crois qu'ils préféreraient mourir plutôt que de me demander un coup de pouce. Chez moi, on ne claque pas l'argent. Ils sont tellement droits, tellement honnêtes qu'ils ne s'autorisent pas à jouir des quelques avantages que ma situation leur offre. Grâce à mon contrat d'égérie Lancel, je peux par exemple entrer dans n'importe quelle boutique, choisir ce qui me plaît, et repartir avec. Un jour, j'emmène mes parents dans la boutique de Lyon. Ils sont tellement mal à l'aise qu'ils osent à peine en franchir le seuil. En baskets, ils se trouvent trop mal habillés, et puis ça leur semble bizarre de profiter de mon statut pour obtenir quelque chose gratuitement, surtout un objet de luxe. Lancel, plus tard Gucci… Ça n'est pas leur monde, et le fait de ne pas payer des choses qui coûtent cher, ça les dépasse complètement. Je dois manigancer discrètement avec les vendeuses, parce que eux ne peuvent pas choisir. Ils n'apprécient pas que je leur fasse des cadeaux plus coûteux que ceux qu'ils peuvent m'offrir. Ce ne sont pas des gens dépensiers et, en vrai, je crois que je tiens d'eux.

Mais pour Luca, je vais faire un truc dingue. Démesuré. Le signe que j'ai totalement perdu le sens des réalités… Une ou deux fois par mois, j'affrète un jet privé pour aller passer le week-end à Vérone, où mon amour s'entraîne. Je claque 7 000 euros pour quelques heures avec Luca, je suis tellement folle de lui que ça me paraît évident. À quoi mieux dépenser mon argent qu'à m'offrir un peu de bonheur avec mon amoureux ? Est-ce que je ne les paye pas au prix fort toutes ces heures d'entraînement, cette vie à côté du monde qui est la mienne depuis mes quatorze ans ? Est-ce que je ne mérite pas de m'arracher à l'ennui pour sentir mon cœur battre à un autre tempo que celui de la course ? Mes parents, fidèles à leur discrétion, ne font aucun commentaire. Ils se couperaient un bras plutôt que de gloser sur ma vie sentimentale. Naturellement, ils n'en pensent pas moins.

Quand je ne suis pas avec Luca, je passe l'essentiel de mon temps libre à lui envoyer des textos, à échanger avec lui via la messagerie électronique. Je ne pense qu'aux moments où on se retrouvera. Je vis son absence comme une douleur, un manque permanent. Quand il n'est pas là, je me sens incomplète. En octobre, il me fait la surprise de venir passer toute une semaine avec moi pour mon anniversaire : je suis aux anges, folle de joie.

Pourtant, tout n'est pas idyllique dans mon conte de fées italien, loin s'en faut. Un week-end où je nage une rencontre interclubs à Montpellier, je file dès la fin de la compétition pour sauter dans un avion rejoindre Luca à Vérone à l'improviste : je débarque chez lui, persuadée de lui faire plaisir. C'est le genre d'attention qui, moi, me fait fondre, mais je vais vite comprendre qu'il ne s'attendait pas du tout à me voir et que la surprise est loin de l'enchanter… En arrivant au pied de son immeuble, je remarque que ses volets sont ouverts. J'entre, je frappe à sa porte et il m'ouvre. C'est peu de dire que Luca n'a pas l'air ravi de me voir debout sur son paillasson. Il bafouille une excuse, me claque la porte au nez en prétextant je ne sais quoi pour me faire patienter cinq minutes, avant de m'ouvrir à nouveau. Je le trouve bizarre, j'entre et constate qu'entre-temps il a fermé les volets. Pourquoi ? Je n'en sais rien, mais j'ai eu le temps, depuis, de trouver son attitude très suspecte et d'écrire mille scénarios. Il paraît en tout cas évident qu'il n'était pas seul. Pourtant, à l'époque, je préfère fermer les yeux et les oreilles et continuer à filer le parfait amour. Je refuse d'entendre les mises en garde de Philippe, qui se méfie de Luca et encore plus de son mentor, Marco Durante. Il ne les trouve pas francs du collier, me conseille de me méfier. Je n'écoute pas. De quoi se mêle-t-il ? Qu'est-ce qu'il y comprend, à un amour pareil ? Luca et moi, seuls contre le reste du monde.

En décembre 2006, lors des championnats d'Europe en petit bassin d'Helsinki, je décroche trois médailles d'or, tandis que Luca remporte la finale du quatre cents mètres quatre nages. À ma manière habituelle, je lui déclare ma flamme à la face du monde : à l'issue de ma nouvelle victoire au quatre cents mètres nage libre, je salue la foule et les caméras d'une main où s'étale le mot *« amore »* écrit au feutre noir ; pour nager les séries, j'avais même enfilé un bonnet de bain aux couleurs du drapeau italien, déclenchant les commentaires de la presse – sans parler de la fédération, qui apprécie moyennement ce coup d'éclat. Je ne fais pas ça pour me faire remarquer. Je ne calcule rien. Je n'en fais qu'à ma tête, une fois de plus.

En mars 2007, je pars pour Melbourne défendre mon titre aux championnats du monde. Je suis la reine des podiums, au meilleur de ma forme et de mes performances. Il semble que rien ne peut me résister, que rien ne m'arrêtera, tant je brille dans les compétitions et à la une des journaux. Je suis heureuse et fière que, grâce à mes succès, la natation soit désormais une discipline suivie et reconnue de millions de Français, qui n'avaient jamais eu, jusqu'alors, de raison de s'intéresser à ce sport un peu austère. Qui peut se douter que moi, je m'y intéresse de moins en moins ? C'est mon paradoxe : j'étouffe dans l'eau des piscines qui ont fait de moi une célébrité.

Invités par *Paris Match*, mes parents sont venus me voir nager. Je ne peux pas les décevoir. Je me rappelle Athènes, la séance photo qu'on avait faite ensemble, moi avec mes médailles au cou, eux encadrant leur fille prodige. Je me souviens de leur joie discrète, leur fierté malgré la réserve affichée. Je leur dois d'obtenir des résultats.

Pourtant, ce qui nous préoccupe vraiment, ma copine Esther et moi, c'est d'être jolies. Quand on part pour une grande compétition, le premier truc qu'on fourre dans nos valises, c'est la robe de cocktail et les talons hauts minutieusement choisis qui nous mettront en valeur le dernier soir, quand on fera la fête. Nous savons que nous allons passer la semaine dans l'eau, pas glamour pour un sou. Les télés, les photos de presse nous montreront ainsi, bonnet moulé sur la tête, pince-nez, lunettes de natation enfoncées sur les yeux, pas maquillées, androgynes dans nos combinaisons et nos vestes de survêtement. Et comme des filles de vingt ans, nous sommes soucieuses et pressées de pouvoir montrer le meilleur de nous-mêmes à l'issue de la compétition. Que tout le monde puisse voir que nous pouvons être jolies, nous aussi.

Dans notre chambre d'hôtel, nous pensons moins à nos courses qu'à nous préparer pour le grand soir. On joue aux apprentis mannequins : on enfile nos robes, nos chaussures, on se coiffe, on teste des maquillages, comme des gamines excitées à la perspective de leur première boum. Un jour, alors que nous sommes en plein défilé, Philippe toque à notre porte. En nous voyant apprêtées comme des princesses, tout bougon qu'il est, il ne peut s'empêcher d'éclater de rire. C'est quand il est comme ça que je l'aime.

À Melbourne, je retrouve Luca, membre de l'équipe d'Italie. Je n'ai qu'une idée en tête : le rejoindre dans sa chambre d'hôtel pour passer mes nuits avec lui, même si je dois disputer une finale le lendemain. Philippe sert les dents : il enrage de me voir déserter la chambre que je partage avec Esther pour filer dormir chez Luca à la première occasion. Mais il sait aussi qu'il serait vain, voire contre-productif, de s'opposer à moi sur ce terrain. Je le croise un soir que je pars rejoindre mon amoureux. Il me demande si je vais retrouver Luca. Comme je lui réponds par l'affirmative, il se contente de me souhaiter une bonne nuit, résigné. Si la fédération se vexe de me savoir toujours fourrée chez les Italiens, mon entraîneur n'ignore pas que l'amour est mon meilleur moteur : qu'il m'empêche de rejoindre Luca, et je risque de nager comme un fer à repasser. Que je sois heureuse, et je survolerai les épreuves. Se mettre en travers de mes désirs, c'est la garantie de me contrarier. Et me contrarier, c'est prendre le risque de me voir perdre. Philippe sait qu'il ne peut rien contre mes élans du cœur et, après tout, que je passe la nuit avec Luca ou pendue au téléphone avec lui, qu'est-ce que ça change ?

Philippe me met tout de même en garde et tente de m'ouvrir les yeux sur ce que je ne veux pas voir : Luca demande que je le rejoigne quel que soit mon programme du lendemain, mais à la veille de son épreuve à lui, me laissera-t-il dormir à ses côtés alors qu'il s'apprête à nager la finale du quatre cents mètres quatre nages ? Philippe parie que non. Je refuse de le croire. Pourtant, je suis mortifiée de constater qu'il a raison : pour la première fois depuis le début de la semaine, je retourne partager la chambre d'Esther… Mais Luca monte sur le podium et rafle une médaille de bronze : peut-être cela valait-il la peine de me congédier.

L'amour me donne des ailes. Côté bassin, je suis au top. De toute façon, c'est en compétition que je me révèle. Flemmarde à l'entraînement, je mets mon turbo quand il s'agit de combattre. Et si j'aime, je vole. Médaille d'or au deux cents mètres et au quatre cents mètres nage libre, ma distance fétiche. Je suis si sûre de gagner que j'ai tracé le mot *« Love »* dans le creux de ma paume pour pouvoir la montrer aux objectifs à l'issue de ma course. Médaille d'argent en dos sur cent mètres et huit cents mètres. Médaille de bronze au relais quatre fois deux cents mètres. Je bats le record du monde sur le deux cents mètres et deux records d'Europe sur le cent mètres et le huit cents mètres nage libre.

Cette dernière course me rappelle Athènes, et ma joute à suspense contre Ai Shibata. Face à l'Américaine Kate Ziegler, je livre un duel sans merci : chacune remonte l'autre sur son point fort. Je suis plus rapide dans les longueurs, mais elle me rattrape à chaque virage. Durant toute la course, nous restons à quelques centièmes de seconde l'une de l'autre, des poussières de temps. Et puis elle touche le mur, 38 centièmes de seconde avant moi, et c'est fini. C'est dur de nager pendant huit minutes avec quelqu'un à côté de soi, de livrer un combat mètre après mètre. Tout ça pour quoi ? À quoi tient la victoire ? 38 centièmes de seconde, ça n'est rien et c'est tout à la fois. Je n'aime pas perdre, mais c'est la loi du genre. Je me fais une raison.

Au deux cents mètres nage libre, j'ai vu une concurrente se rapprocher dangereusement : elle s'appelle Federica Pellegrini, elle est italienne, et c'est une excellente amie de Luca… Elle monte sur la troisième marche du podium, à plus d'une seconde et demie de mon temps. La veille, aux qualifications, elle a battu en demi-finale le record du monde de la distance, alors que je nageais dans l'autre série. Une alarme se met à sonner dans ma tête. Le lendemain, je termine première et j'écrase – de presque une seconde – son record, qui n'aura pas tenu vingt-quatre heures. Depuis, elle l'a amélioré cinq fois... Sans le savoir, je viens de faire connaissance avec ma plus grande rivale, et pas seulement sur le plan sportif.

Pour l'heure, je n'y pense pas. Je conserve mon titre, j'en engrange de nouveaux, je file le parfait amour avec mon bel Italien, tout est parfait. Cerise sur le gâteau, je suis sacrée meilleure nageuse de la compétition. Marco Durante, le président du club de Luca, tient à célébrer nos médailles respectives en conviant mes parents et ceux de son poulain à un grand dîner « de famille ». Je suis aux anges, et n'y vois pas le mal. Mon père a la présence d'esprit de demander à mon avocat Didier Poulmaire, qui défend mes intérêts, de se joindre à nous. Durante n'est pas ravi de le voir là, sans doute aurait-il aimé aborder certains sujets loin des oreilles pointilleuses d'un homme de loi... Les mois passant, Durante donne vraiment l'impression de me courtiser, comme s'il avait une idée derrière la tête. Quant à Philippe, il fulmine de voir cet Italien présomptueux et si sûr de lui tourner sans vergogne autour de « sa » nageuse.

*
* *

Malgré les titres et les records, Melbourne a sonné le début de la fin de ma relation avec Philippe Lucas. Quelque chose s'est définitivement cassé entre nous. Il sait que pour être fort, il faut nager beaucoup. Mais il s'y prend mal pour le dire. Son discours ne passe plus. Il s'obstine à ne pas voir que je ne suis plus l'adolescente qui dévorait des pains au chocolat dans sa voiture, après l'entraînement du matin, et qui faisait ses devoirs dans son bureau de la piscine de Melun. Il refuse de comprendre qu'il faut nous ménager du temps à nous, nous laisser un peu de répit, d'espace, de liberté. Juste de quoi respirer. Tous les autres clubs accordent à leurs nageurs une demi-journée de repos dans la semaine. Pas lui. Il faut en baver, coûte que coûte, jusqu'à l'écœurement. On doit se plier à ses exigences – toujours – sans que lui fasse l'effort – jamais – de nous comprendre. La dimension psychologique lui échappe, et il fait beaucoup trop de choses : il nous entraîne dans l'eau, à la musculation, nous accompagne partout, s'occupe des stages. Il veut tout contrôler, tout régenter, sans s'apercevoir qu'on étouffe. Il devrait s'entourer, déléguer, travailler avec un coach mental, un préparateur physique. Mais non. Il ne peut pas. Il croit tisser des relations exclusives avec ses nageurs quand il les asphyxie. Il répète souvent qu'avec lui ça passe ou ça casse. Sauf qu'il ne réalise pas que ça va vraiment casser.

Après Melbourne, il m'accorde deux semaines de congés. Loin de Canet, deux évidences s'imposent alors à moi : je ne supporte plus la tutelle de Lucas. Et je ne supporte plus l'idée d'être séparée de Luca, c'est trop dur, ça me fait trop mal. Entre Lucas et Luca, je dois choisir, sous peine de péter les plombs. Je ne le sais pas, mais je frôle dangereusement le burn-out. En vérité, je suis à deux doigts d'arrêter.

Pourtant, je fais ce que j'ai toujours voulu faire : vivre de mon sport. La gamine qui écrivait « nageuse professionnelle » sur les fiches de renseignements à chaque rentrée des classes serait fière de ce que je suis devenue. Est-ce que j'ai le droit de la décevoir ? De me décevoir ? De piétiner tout ce que j'ai accompli pour en arriver là ? Je gagne très bien ma vie, ce qui est une première pour le milieu de la natation tricolore. Je n'ai pas le droit de me plaindre : si j'avais un métier « normal », je devrais aussi me lever chaque matin pour aller bosser, envie ou pas.

J'ai déjà de nombreux sponsors – mon équipementier Arena bien sûr, mais aussi EDF, Lancel, la Société des bains de mer de Monaco… – qui m'assurent des revenus très confortables, inespérés jusqu'alors dans le milieu de la natation hexagonale. Mais quelqu'un d'autre s'intéresse à moi. L'homme d'affaires milliardaire François Pinault souhaite « m'accompagner » et devenir mon mécène. Il m'offre de me verser une très grosse somme, jamais proposée à un nageur, chaque année pendant cinq ans. Sans aucune contrepartie, si ce n'est continuer à nager et choisir ce qui me plaît dans les boutiques de ses marques de luxe. Du jamais-vu dans l'histoire du sport français. Je suis touchée, honorée.

Dans une discipline où l'on ne gagne pas bien sa vie, où les sponsors ne se bousculent pas, c'est historique. Énorme, au point que j'ai du mal à me rendre compte de ce que ça représente. Bien sûr, je peux me payer rubis sur l'ongle une belle maison à l'âge de vingt-trois ans. Mais pour le reste, c'est abstrait. L'idée de pouvoir entrer chez Gucci pour choisir la paire de lunettes de soleil qui me plaît et repartir sans la payer me paraît plus réelle, comme un rêve de petite fille lâchée dans un magasin de jouets. Ça, c'est tangible, et ça m'enchante !

François Pinault me reçoit après mon retour de Melbourne. J'appréhende de rencontrer cet homme d'affaires dont jusqu'alors j'ignorais tout, en dehors du fait qu'il est très puissant, comme Didier Poulmaire me l'a expliqué. On se rencontre dans son bureau à Paris, près des Champs-Élysées. Ce genre de rendez-vous m'angoisse, parce que j'ai peur et que je ne sais pas quoi faire de moi. Ma timidité coutumière reprend le dessus. Qu'est-ce que je vais pouvoir lui raconter, moi, la petite nageuse qui a arrêté l'école à quinze ans ? Je suis très impressionnée par les grands tableaux du hall d'entrée, des papillons de toutes les couleurs, des œuvres d'art composées avec des épluchures de crayon. Je n'ai jamais vu un tel luxe. Comme s'il avait perçu ma gêne, François Pinault tente de me mettre à l'aise et se montre très gentil avec moi. Il m'offre un magnifique collier Boucheron, qu'aujourd'hui encore j'ose à peine porter. Moi, je lui ai rapporté un didgeridoo d'Australie, cette espèce de grande trompette aborigène en bois qui fait à peu près le bruit d'un barrissement d'éléphant. Mon didgeridoo à la main, je me sens idiote et ridicule, pourtant il l'accepte comme si c'était un cadeau de prix. François Pinault m'explique qu'il va me donner de l'argent pour nager ; que je pourrai entrer dans ses boutiques et y choisir ce que je veux, des robes, des sacs, des chaussures. Didier Poulmaire a l'air content. Moi, bien que flattée et honorée, je pense surtout que ça tombe mal : depuis quelque temps, une petite voix me souffle que je ferais peut-être bien, très bientôt, de réduire la cadence. Et cette idée me trouble.

– 8 –

Parenthèse italienne

C'est le mercredi 25 avril 2007 que tout bascule. Ce jour-là, je ne me présente pas à l'entraînement de 6 h 30. Je sais que Philippe m'attend, comme tous les matins. Qu'il va être hors de lui en voyant l'heure tourner. Il pensera que je me suis rendormie, même si ça n'est plus vraiment dans mes habitudes. Il n'appellera pas : pour lui, c'est à moi de téléphoner pour m'expliquer. Mais d'heure en heure, il commence à échafauder des scénarios. Forcément, il se fait des idées, sans imaginer ce qui est réellement en train de se passer.

La vérité, c'est que je suis au fond du gouffre. Luca est là, qui vient de m'annoncer qu'il me quittera si je ne vais pas avec lui en Italie. Luca est jaloux. Il pense qu'il y a quelque chose entre moi et cet ancien nageur de l'équipe de France juniors que je connais bien et que j'ai revu lors d'une compétition récente alors qu'il est devenu préparateur physique. Il ne me croit pas quand je jure que c'est faux, qu'il ne s'est jamais rien passé. Il répète qu'il partira lundi : soit je viens, soit c'est fini. C'est du chantage : si je l'aime, je dois aller m'entraîner avec lui. Et je l'aime tellement… Mais j'ai beau retourner la question dans tous les sens, je suis bloquée, je ne vois pas comment le rejoindre. Je nage à Canet, j'ai mon entraîneur, ma vie, mes amis. Et surtout, à quinze mois des JO de Pékin, c'est une folie d'imaginer changer d'entraîneur, et il le sait. Les JO, c'est le Graal de tout sportif, l'objectif suprême. Après Athènes, je me dois de confirmer mon titre, voire d'accrocher de nouvelles breloques à mon palmarès. Espère-t-il que je vais tout sacrifier et me saborder pour lui, ou quoi ? Luca n'en démord pas. Il m'accuse de voir d'autres garçons, de le tromper. Il ne me fait pas confiance, se montre maladivement possessif. J'ai beau jurer que je lui suis fidèle, protester, pleurer dans un mélange de français et d'italien que je commence à parler pour lui, il ne veut rien entendre. Je dois le suivre à Vérone, ou c'est terminé. Fin de la discussion.

9 h 30. Je finis par décrocher mon téléphone pour joindre Philippe. C'est un appel de détresse : je suis en larmes, effondrée. À mes côtés, Luca, visage fermé, ne dit plus rien. Je me sens piégée, coincée dans une impasse, et j'appelle Philippe

au secours. Affolée, je veux le rejoindre pour lui raconter ce qu'il se passe mais il m'intime de ne pas bouger : il ne veut pas que les autres nageurs me voient pleurer – une championne ne pleure pas et, de toute façon, l'entraînement touche à sa fin. C'est lui qui vient.

Lorsque Philippe arrive enfin, Luca et moi sommes deux enfants dévastés par le chagrin et le ressentiment. On s'en veut mutuellement, on n'arrive pas à se comprendre l'un l'autre.

J'explique la situation à Philippe. Malgré son aversion pour Luca, il est prêt à lui parler pour m'aider et sauver notre histoire : il sait que si Luca me quitte, je vais toucher le fond. Il tente comme il peut de le raisonner, de prendre ma défense. Il essaye de trouver les mots pour lui dire que je l'aime, que je n'ai pas d'autre garçon dans ma vie.

Comme un fait exprès, c'est le jour où je dois me rendre à Paris pour enregistrer l'émission de Michel Drucker, dont je suis l'invitée d'honneur. L'heure tourne, et l'avion qui doit nous emmener sur le plateau de « Vivement dimanche » ne nous attendra pas éternellement sur l'aérodrome de Rivesaltes. Philippe veut que je me ressaisisse, il n'est pas question de planter Michel Drucker, ni d'annuler cette émission qui m'est consacrée. C'est une question d'image, certes, mais surtout de correction. J'aurais voulu que Luca m'accompagne, mais il refuse catégoriquement. J'apprendrai plus tard qu'il a exigé de l'argent, 10 000 euros, pour s'asseoir à mes côtés sur le canapé rouge – évidemment, il s'est bien gardé de m'en parler. La production a refusé, bien sûr. À la place de Luca, c'est Lucas qui m'escortera.

Philippe fait promettre à Luca de nous attendre et, malgré ma confusion et mon désespoir, il parvient à m'entraîner vers l'aérodrome. J'ai chaussé de grandes lunettes noires pour cacher mes yeux bouffis de larmes. Comme un zombie, je grimpe dans l'avion spécialement affrété pour moi par mon nouveau mécène, François Pinault.

Je suis anesthésiée par la peur de perdre Luca. L'émission se passe comme en apesanteur. Je ne me souviens de rien, ou presque. Je crois que j'avais invité la chanteuse Élodie Frégé, que j'aime bien, en souvenir de mes soirées passées à regarder la « Star Ac » avec Alicia. Je sais que je fais bonne figure, mais mon esprit est ailleurs. Sous ma frange, que je balaye continuellement d'un tic nerveux de la main, j'entends Philippe expliquer à Michel Drucker, avec toute la décontraction dont il est capable malgré la tension, que si j'ai besoin de voir mon fiancé pour nager plus vite, il ne fera rien pour m'en empêcher, bien au contraire. Je sais qu'au fond, même s'il assure le show, Philippe est inquiet de ce qui nous attend ensuite. C'est tout sauf un imbécile : il n'ignore pas que je suis en train de lui glisser entre les doigts. Il est le mieux placé au monde pour savoir que j'agis par amour. Et que je suis prête à tout pour garder celui que j'aime. Quels qu'en soient les risques et les conséquences.

Dans l'avion qui nous ramène le soir à Canet, je découvre le dernier SMS expédié par Luca. Un lapidaire : « Ciao c'est fini. » Je m'effondre.

Philippe me ramène chez moi. En arrivant, il voit tout de suite que quelque chose ne tourne pas rond. Moi, je suis trop sonnée pour remarquer quoi que ce soit. La voiture de luxe de Luca n'est plus là. En revanche, une Maserati est garée au pied de ma résidence, tous feux éteints. Nous arrivons à mon appartement et là, nous distinguons deux silhouettes assises dans le noir. Luca et un autre homme. Marco Durante. Qu'est-ce qu'il fiche là, celui-là ?

Je ne prends pas le temps de me poser la question. Je me jette sur Luca, folle de rage, folle de chagrin. Je veux qu'il s'explique, au lieu de m'expédier des SMS définitifs. Il ne peut pas me quitter comme ça. Alors qu'on se lance dans une violente dispute, Philippe se charge de Durante : il le jette dehors, furieux que Luca ait autorisé cet homme, qui ne m'est rien, à s'introduire chez moi, sans même m'en parler.

Que s'est-il passé ensuite ? J'ai du mal à me souvenir de la manière dont les choses se sont enchaînées. Je ne sais plus ce qu'on s'est dit, Luca et moi, ni comment Durante y a mis son grain de sel. Je ne me rappelle pas de leurs arguments, tout est nimbé d'un brouillard d'où émergent seulement quelques images : moi, à l'entraînement du lendemain, qui me fais virer du bassin par Philippe, dont la patience est à bout ; son ton, glacial, quand il me dit au téléphone que ce n'est pas la peine de revenir travailler tant que je n'ai pas réglé mes histoires de cœur. Ni lui ni moi ne savons alors que cette séance de (non) entraînement sera la dernière de notre histoire commune. Je n'ai plus jamais nagé avec lui. Et je ne le verrai plus pendant des mois, alors que je suis la marraine de son fils aîné, Tom, né en octobre 2005, auquel je suis très attachée.

Les jours qui suivent, je n'appelle pas Philippe. Je ne décroche pas non plus quand il tente finalement de me joindre, flairant la catastrophe imminente. C'est la tempête sous mon crâne. D'un côté, je sais que je ne trouverai jamais meilleur entraîneur – mais l'autoritarisme surprotecteur de Philippe a usé notre relation –, d'un autre, je ne peux pas m'imaginer sans Luca. Et Luca m'a mis le couteau sous la gorge : avec lui en Italie, ou sans lui dans ma vie. Les mots de Luca, ceux de Marco Durante tournent en boucle dans mon esprit.

Je ne mets pas très longtemps à faire mon choix. Je décide seule, sans en parler à personne parce que je sais que personne ne peut comprendre.

Je préviens mon amie Esther Baron que je pars. Elle sait que je fais une bêtise, mais elle sait aussi que je n'en ferai qu'à ma tête, alors elle ne tente pas de me raisonner. Je prends mon chat Armony sous le bras et je m'enfuis sans prévenir Philippe. J'ai peur de le lui dire en face. Je sais que, si je le fais, il trouvera sans doute les mots pour m'en empêcher.

Dans la voiture qui m'emmène chez eux, j'appelle mes parents pour leur annoncer ma décision. Ils sont anéantis. Ils me disent que je fais la pire connerie de ma vie, que je suis en train de tout gâcher, de saccager tous les efforts que j'ai fournis jusque-là. Ma mère m'assène ces mots, que je n'oublierai jamais : « Tu ruines ta vie. » Elle a peut-être raison, mais je suis sourde. À Ambérieu, durant les quelques jours qui me séparent de mon départ pour l'Italie, ma mère se mure dans le silence et mon père rumine, le visage soucieux. Ils ne comprennent pas. Moi, je ne pense plus qu'à une chose : retrouver mon amour. Prendre les commandes de ma vie. J'ai l'impression qu'en quittant Philippe je prends ma première décision d'adulte. De femme.

Quelques jours plus tard, je reviens à Canet-en-Roussillon pour une conférence de presse, où j'annonce officiellement mon choix. J'explique que je veux me rapprocher de Luca, l'amour de ma vie, avec qui je veux faire un enfant. Mais je prétends que l'essentiel n'est pas là : je souhaite changer de méthode d'entraînement, je suis capable de faire aussi bien, voire mieux, sans Philippe. J'affirme que je veux m'entraîner en Italie, et que je ne changerai pas d'avis. Dans ma tête, je me vois déjà nager tous les jours dans la ligne d'eau voisine de celle de Luca. Passer tout mon temps libre avec lui. Ne plus perdre une seconde. Une vraie droguée ! Tout me semble évident depuis que j'ai pris ma décision. Ce que je n'imaginais pas, c'est la réaction des Italiens. Au début, tout le monde fait mine d'être très heureux de m'accueillir, et puis ça change, d'un jour à l'autre, au fil des rebondissements : je pourrai vivre avec Luca et m'entraîner avec lui, mais pas tous les jours, mais en fait non, mais peut-être que oui, et finalement absolument pas. À vrai dire, je me sens un peu dépassée par les événements. Candidement, je n'avais pas pensé que ça ne serait pas si simple. J'ai le soutien de Marco Durante, de mon avocat Didier Poulmaire, qui négocie pour moi, mais ça ne suffit pas. En vérité, les instances de la natation italiennes sont prises de cours par les tractations de Durante : il n'est pas question pour eux de laisser une Française s'entraîner dans le centre national de Vérone – l'équivalent de l'INSEP en France – pour voir les secrets de leurs champions éventés. Pas question non plus que je travaille à proximité de Federica Pellegrini, ma rivale. À moins, bien sûr, que je prenne la

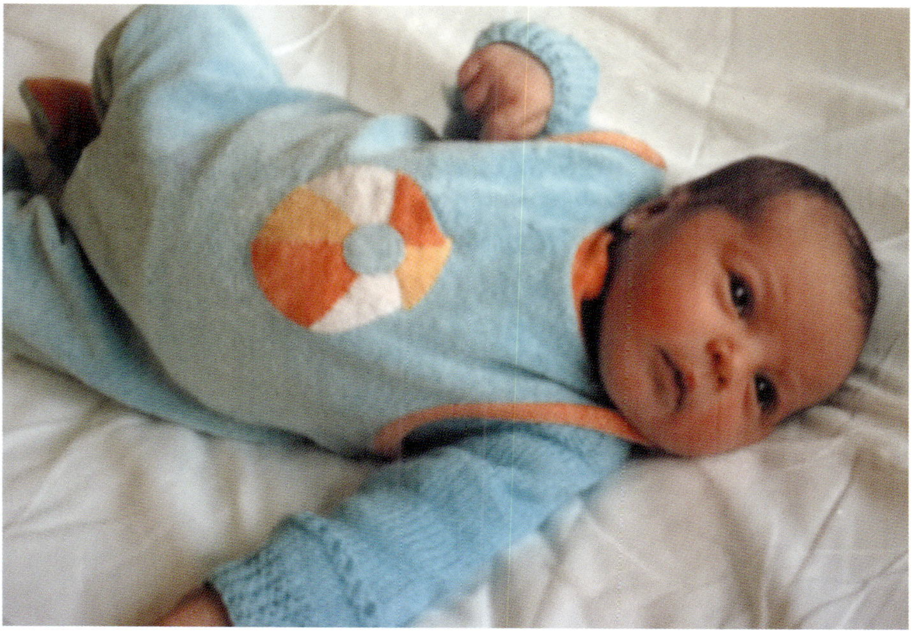

Ci-dessus :

Je vois le jour
le 9 octobre 1986
à Villeurbanne.
Je mesure 52 cm
et pèse 3,2 kg.

Ci-contre :

Le bonheur en vacances
au cap Fréhel,
en Bretagne.

Ci-dessus :

Cap Fréhel avec Nicolas, mon aîné d'un an. Août 1989.

Ci-contre :

Au camping avec Florent et Nicolas à la bambouseraie d'Anduze. Juillet 1995.

Ci-dessus :

Camping dans le Languedoc, avec Florent et Nicolas. Juillet 1996.

Ci-contre :

Premières récompenses avec Nicolas à la piscine Tournesol d'Ambérieu-en-Bugey. Novembre 1994.

Ci-dessus :

Médaillée d'or au 400 m nage libre
aux jeux Olympiques d'Athènes. Le 15 août 2004.

Ci-dessus :
Échauffement avant la course.

Ci-contre :
Médaillée d'argent au 800 m nage libre aux jeux Olympiques d'Athènes.
Le 20 août 2004.

Ci-contre :

Avant la finale
du 400 m nage libre
aux championnats
du monde de Montréal :
tension...
Le 24 juillet 2005.

Ci-dessous :

Mon entraîneur
Philippe Lucas a souvent
su trouver les mots pour
que je donne le meilleur
de moi-même.

Sur le podium
avec ma médaille d'or
du 400 m nage libre !
Le 24 juillet 2005.

Ci-dessus :

Mes parents fiers de moi à l'issue des championnats de France à Tours. Le 14 mai 2006.

Ci-contre :

Ma dernière médaille d'or sur 50 m dos aux championnats d'Europe à Chartres, partagée avec ma fille Manon.
Le 23 novembre 2012.

Ci-dessous :

Moment de complicité avec mes frères.

nationalité italienne… Je ne sais plus si cette idée m'a traversé l'esprit. Toujours est-il qu'il n'en est finalement pas question.

Côté français, la presse se déchaîne. Aux journaux télévisés, on ne parle plus que de ça. Les journalistes sportifs, avec qui j'entretiens des relations en dents de scie, me taxent d'écervelée, les magazines people font leurs choux gras du feuilleton Manaudou, qui vient à peine de commencer… Ils vont en avoir pour leur argent, puisque ça va durer tout l'été. Et plus encore… Philippe est furieux, évidemment – c'est de bonne guerre. Puisque j'ai annoncé que je souhaitais m'entraîner autrement et que j'ai critiqué publiquement sa manière de faire avec moi, il me rend la monnaie de ma pièce : il convoque à son tour les journalistes pour dire que je fuis le travail, que je n'ai plus envie de m'entraîner sérieusement. Je crois qu'il a trop d'affection pour moi pour se laisser aller à m'enfoncer, mais il expose ses doutes quant aux intentions réelles de Durante et du club LaPresse. Il ignore encore à quel point il a vu juste.

Très vite, je déchante. Rejoindre Luca en Italie, ça signifiait finalement me retrouver à trois cents kilomètres de lui, à Turin. Je n'ai pas le permis de conduire, pas de voiture, et je vis à trois heures et demie de route de mon amoureux. Pas exactement ce que j'imaginais. Et si je pense passer mon permis de conduire et m'acheter une voiture, je réalise que c'est loin d'être évident de suivre des leçons de code dans une langue dans laquelle on débute.

Cerise sur le gâteau, Marco Durante me loge… chez lui, dans son luxueux duplex du centre-ville, où il vit avec sa femme, une bourgeoise très prout prout qui porte souvent des tenues à paillettes. Je préférerais, de loin, avoir une petite chambre à moi en ville, mais je ne suis pas dans mon pays, je parle mal la langue et toutes les démarches sont compliquées. Durante fait mine de prendre les choses en main, de s'occuper de tout pour moi, mais en réalité, à part mettre des photographes en embuscade quand je sors avec Luca, il ne fait pas grand-chose.

Son appartement est splendide, il y a une cuisine près de l'entrée, un immense salon, la chambre de Durante et sa femme à l'étage, une salle de bains. C'est très chic et moderne, il y a du bois partout et une employée de maison, qui a sa chambre à elle. Moi, je passe mes journées sur le canapé, quand je ne m'entraîne pas, à regarder en boucle des DVD de *Sex and the City*. À midi, la cuisinière me demande ce que je souhaite manger. Je lui réclame invariablement des pâtes à la tomate, qu'elle cuisine très bien. Perdue loin des miens, dans un pays étranger, je suis gagnée par une forme d'apathie. Je me sens isolée, abandonnée, même si je préférerais me couper un bras plutôt que de me l'avouer.

Durante n'est jamais chez lui. Il m'a trouvé un entraîneur, Paolo Penso, que je prends immédiatement en grippe. Il me fait l'effet d'une espèce de vieux beau, sosie de Belmondo. Je le trouve mielleux, sirupeux, obséquieux. Il est incapable de me cerner. Penso croit que pour me faire travailler il faut être gentil avec moi… Il m'insupporte. Lui et Durante ont tenté de soutirer à Philippe ses carnets d'entraînement. C'est doublement stupide : d'abord parce que Philippe n'en a jamais tenu de toute sa carrière, et ensuite parce que, si ç'avait été le cas, je pense qu'il aurait préféré les manger que de les leur donner.

Fin mai, je me casse le quatrième métatarsien du pied gauche, l'un des os longs sur lesquels viennent s'articuler les orteils : j'ai chahuté avec deux camarades d'entraînement de Turin, qui m'ont jetée à l'eau pour jouer ; mon pied a accroché le bord du bassin et me voilà immobilisée trois semaines. Je loupe quelques compétitions mineures. Ça commence bien…

Une fois remise, je m'entraîne comme je veux, c'est-à-dire n'importe comment. Je peux à peine regarder Paolo Penso tant il m'agace. Il vient me chercher dans la voiture de sport de son patron pour m'emmener nager. Il m'appelle lorsqu'il est au pied de l'immeuble et, souvent, je ne réponds même pas. Alors il repart sans moi. Et je sors écumer les boutiques du centre-ville, à deux pas de là. Si Penso est furieux, il ne le montre pas. À croire qu'il s'en fiche un peu, ce qui redouble mon apathie.

Quand je suis d'humeur à nager, c'est à peine mieux. Habillé comme une gravure de mode, pantalon blanc, polo impeccable, il me donne ses consignes du bord du bassin. Je lui réponds : « Ouais, ouais », sans même tourner la tête, et je file sous l'eau avant qu'il ait fini sa phrase. Je boude. Je me comporte comme une peste, et je ne le respecte pas de me laisser le traiter comme ça. À sa place, une nageuse pareille, je n'aurais pas attendu longtemps pour la dégager. Moi, il faut me rentrer dedans. À croire que c'est ce que je cherche : comme du temps de Philippe, un entraîneur qui me serre la vis. C'est ma contradiction : je sais que Philippe avait raison, mais j'aurais voulu qu'il mette un peu d'huile dans sa méthode. Le drame, c'est que j'ai été incapable de le lui faire comprendre – sans doute parce que je ne l'avais pas compris moi-même.

*

*   *

C'est comme si je me mettais sur « pause » entre les moments où je vois Luca. J'aurais pu me chercher un appartement, avoir une discussion de fond avec mon entraîneur et Durante, prendre les choses en main, mais non. Je crois aussi que je n'ai pas l'habitude de m'assumer. Alors je me laisse flotter, au fil de l'eau.

Je vois Luca tous les week-ends. Durante affrète une voiture avec chauffeur pour m'emmener à Vérone, ou alors c'est Luca qui fait la route à bord de sa précieuse Audi TT. Dans la cité de Roméo et Juliette, on se balade main dans la main, on mange au restaurant avec ses amis, dont sa bonne copine Federica Pellegrini. Je ne comprends pas pourquoi Luca reçoit continuellement des SMS d'elle. Pour un oui pour un non, elle lui écrit, où elle est, ce qu'elle fait, où elle va. Quand je l'interroge, il me répond qu'ils sont amis, rien de plus, et qu'entre amis on aime savoir ce que fait l'autre. Rien de plus, vraiment.

Un jour de juin 2007, Didier Poulmaire m'appelle pour m'annoncer qu'ils sont en une de *Voici*. Sur les photos, on les voit enlacés au bord du bassin, vraiment très très complices. En couverture, mon visage, barré du titre : « Trahie par Luca ». Inutile de préciser que je ne le prends pas très bien… Comme si une météorite m'était tombée sur la tête. Je suis effondrée, blessée, humiliée. Furieuse. J'ai envie de vomir, de pleurer, de crier. D'arracher les yeux de cette blonde qui se moque de moi, m'adressant de grands sourires quand on se voit, pour mieux faire des papouilles à mon mec dès que j'ai le dos tourné.

Mais évidemment, Luca a réponse à tout : ce sont des ragots, d'ailleurs on ne les voit même pas s'embrasser, juste plaisanter et se tenir dans les bras, comme… de bons amis. Ils se connaissent depuis si longtemps, ils sont comme frère et sœur, soi-disant. Il nie, encore et encore, malgré l'évidence. N'avoue jamais… Et alors qu'il est d'une jalousie maladive, qu'il me bombarde continuellement de questions et de soupçons, Luca ne comprend vraiment pas le problème de voir étalées partout des photos de lui avec une autre fille, qui plus est ma rivale dans les bassins. Malgré ses dénégations, le doute s'installe. Trop de détails clochent, comme ces préservatifs à disposition dans sa salle de bains alors que je prends la pilule. De retour à Turin, je l'inonde moi aussi de textos pour savoir ce qu'il fait et avec qui. Je commence à avoir le sentiment qu'ils se foutent tous de moi, lui, elle, Marco Durante : tous.

J'ai l'impression de jouer le rôle principal d'un très mauvais film, dans lequel une oie blanche se ferait plumer par une bande de renards sans scrupule.

Je finis par retrouver mes esprits et j'appelle mon père, en larmes. Il prévient aussitôt Didier Poulmaire. Mon aventure italienne est en train de tourner en eau de boudin. L'affaire prend très vite des allures de psychodrame. Au premier Open de Paris, qui se tient début août dans la piscine du Racing Club de France, à la Croix-Catelan, en présence de tout le gratin mondial de la natation, je n'ai pas la tête à nager. Je remporte quand même le cent mètres et le cinquante mètres dos, des distances dont je ne suis pas spécialiste, mais je souffre de plus en plus de mes entraînements décousus. Surtout, j'échoue sur le deux cents mètres dos. Consolation, je vois mon beau *ragazzo* triompher au quatre cents mètres quatre nages. Je suis suspendue à sa course, au point que ma concentration en pâtit. À croire que ses performances m'intéressent plus que les miennes… Je n'adresse plus la parole à Penso. J'appréhende la manière dont tout ce roman-photo rocambolesque va finir.

Marco Durante prend les devants : le 6 août, juste après l'Open de Paris, il annonce à la presse que je suis virée. Virée ! Comme une malpropre. Durante se répand partout, prétextant ne pas avoir supporté mon attitude avec Penso et, comble du grotesque, vis-à-vis de l'équipe de France que j'aurais snobée à l'Open de Paris. Il me traite comme une gamine mal élevée, me fait la leçon devant les caméras qui se pressent pour suivre ce nouveau rebondissement de la saga Manaudou. Il claironne à qui veut l'entendre que je le supplie de me reprendre et qu'il consentira à le faire si, à mon retour de vacances, je m'excuse publiquement auprès de Paolo Penso. Il peut courir et il le sait ! Mais il veut se faire passer pour un grand seigneur, magnanime et conciliant. Il a beau jeu de me faire passer, moi, pour une fille capricieuse, instable, versatile : j'ai tout fait pour mériter cette étiquette. J'ai snobé les journalistes, clamé que j'étais capable de gagner en faisant moins d'efforts, répété que l'amour passait avant tout le reste. Je paye cash.

Je quitte Turin pour ne plus y revenir. Rien ne me manquera. Je veux tourner la page sur ces quelques mois entre parenthèses, oublier cet épisode lamentable, ce ratage. Est-ce que je regrette d'avoir quitté Philippe Lucas ? Non. Est-ce que je retournerai m'entraîner avec lui ? Encore non. Où vais-je désormais m'entraîner ? Je n'en ai pas la moindre idée. Mais j'ai besoin de souffler, de penser à autre chose, de faire le vide dans ma tête. Je pars trois semaines en vacances, sans savoir où j'atterrirai à mon retour. Je suis toujours aussi amoureuse de Luca. Je veux qu'on se retrouve, rien que lui et moi, loin des hélicoptères de Durante et des paparazzi qui me traquent. Je nous offre un séjour aux Maldives, sur une île paradisiaque. Et j'essaye d'oublier toute cette histoire en contemplant, du hublot de l'avion, ces confettis de sable blanc posés sur l'eau turquoise. Je n'ai jamais rien vu d'aussi beau. Je ne me suis jamais sentie aussi perdue.

Sur la plage, entre deux séances de plongée sous-marine au milieu des bancs de poissons multicolores, je songe à mon avenir. À Pékin, qui approche. Dans un an, je remets mon titre de championne olympique en jeu. Un an. C'est beaucoup et c'est rien. J'ai beau avoir brillé aux championnats de France à Saint-Raphaël, fin juin, en remportant cinq victoires, et ne pas avoir démérité à l'Open de Paris, je sens que mon corps commence à se défaire. Je souffre de plus en plus. Les lacunes de mon entraînement vont bientôt se faire sentir. Cruellement.

– 9 –

Entre deux eaux

Janvier 2009. Un an et demi s'est écoulé depuis que j'ai quitté l'Italie. Dans la voiture qui file depuis l'aéroport d'Atlanta en direction d'Auburn, Alabama, je me repasse en boucle le film des dix-huit derniers mois. Fred est là, à côté de moi. Rassurant. Protecteur. Je sais qu'avec lui je suis en sécurité. Qu'il ne peut plus rien m'arriver de mal.

Une heure et demie de route, l'Interstate 85 qui file droit à travers la plaine plate et boisée, un paysage de rivières, de lacs et de forêts ponctué de bourgades comme on en voit dans les films *made in USA*. Je caresse ma chienne Canelle, que j'ai emmenée avec moi. J'ai le cafard. L'impression d'avoir touché le fond, de ne plus savoir comment me comporter, de ne plus m'appartenir. Je ne sais plus sortir dans la rue sans regarder mes pieds pour éviter le regard des autres, tous les autres, les gens.

Leurs regards réels ou imaginaires qui pèsent comme un reproche, une déception, de la pitié aussi parfois. Je me sens vidée de toute substance, incapable de savoir ce que je veux faire de ma vie, incapable même de vouloir quelque chose. Je ne vois pas de raison de me lever le matin, pas de raison non plus de mettre un pied devant l'autre.

Qu'est-ce qu'il s'est passé pour que j'en arrive là ? En un an et demi, j'ai l'impression d'avoir tout gâché. Et pourtant, je ne vois pas comment les choses auraient pu se dérouler autrement. Ce qui doit arriver arrive, pour le pire comme pour le meilleur. Maintenant, je dois sortir la tête de l'eau. Et espérer que le meilleur reste à venir.

J'ai massacré mes Jeux. Si Athènes a été un rêve, Pékin restera comme mon cauchemar. Un ratage sportif annoncé, prévisible, total. Laure Manaudou s'est plantée, Laure Manaudou a déçu, Laure Manaudou est finie. Je n'arrive pas à chasser de mon esprit mon échec, la litanie de mon amertume. Je ressasse les phrases cruelles, les mots blessants lus avidement sur les forums Internet. Comme si je me mutilais moi-même, je n'ai pu m'empêcher d'aller regarder ce qu'on disait de moi, de lire, page après page, commentaire après commentaire, les réactions et les critiques qui décuplent encore l'humiliation et la douleur. Les formules chocs des journalistes, qui n'ont pas eu de mots assez durs pour me faire tomber du piédestal où ils m'avaient mise, quatre ans plus tôt. Je me sens piétinée. K-O debout. Et le pire, c'est que j'ai tout fait pour ça.

Je rembobine le fil de mes souvenirs. Mon retour à Ambérieu en septembre 2007, autant dire à la case départ de ma carrière de nageuse. Après mon escapade turinoise, c'est encore ce qui pouvait m'arriver de mieux. Ce n'est pas faute d'avoir été approchée – on a parlé de Melun, de Lyon, du Team Lagardère à Paris et même d'un club suisse qui souhaitait m'accueillir. Mais je n'avais plus le cœur à m'entraîner. Si j'ai continué, c'est surtout parce que je le devais à ceux qui avaient cru en moi. Et peut-être parce que j'ai voulu croire que je pouvais vraiment gagner sans travailler. Absurde.

Alors j'ai réintégré mon nid, ma famille, tout ce que j'avais quitté six ans plus tôt pour m'entraîner avec Philippe à Melun. J'avais envie et besoin de me retrouver, de pouvoir compter sur les miens pour m'aider à oublier ma fuite en Italie. Au calme, loin du regard hostile ou narquois des journalistes. Ça s'est imposé comme une évidence, au fil des jours : c'est chez moi que je trouverais la paix et l'énergie de continuer. Sans me sentir jugée.

J'ai réintégré ma chambre dans la maison de Loyes, le lit au ras du sol, les odeurs de l'enfance, le temps de me trouver un appartement en ville, près de la piscine. Le « centre nautique » n'avait plus rien à voir avec le tournesol en plastique de mes jeunes années : c'était désormais un complexe flambant neuf, un beau bassin de vingt-cinq mètres comprenant huit lignes d'eau, des gradins, des jeux pour enfants, une pataugeoire, une salle de musculation et un espace bien-être, que j'avais inauguré un an plus tôt avec mes frères. Je n'avais pas conscience de débarquer comme un monument, de nager dans une piscine qui portait mon nom, sous mon portrait géant déployé au-dessus du bassin. Les gens me connaissaient depuis toujours, il n'y avait pas de quoi en faire toute une histoire. Mon père était désormais le président du club et Nicolas, qui avait décroché son brevet d'État en mai 2005, entraînait déjà notre petit frère Florent, champion de France cadets sur cinquante et cent mètres dos. Nicolas avait vingt et un ans et une revanche à prendre sur le formateur Cadre Fédéral qui lui avait assené en pouffant, lors du passage de son diplôme, qu'il était « le raté de la famille ». De fait, il en avait assez d'être « le frère de ». Nicolas avait été un très bon nageur, un excellent sprinteur mais, vers quatorze ans, au moment où j'avais repris le chemin des bassins, lui avait eu envie d'autre chose : les copains, sa mobylette qu'il passait des heures à « tuner », la vie d'un ado normalement rebelle.

Lui et moi, c'était une vieille histoire d'amour et de détestation, comme je l'ai déjà dit. On s'adorait autant qu'on se disputait, en faux jumeaux. Quand j'avais quitté la maison, il n'avait pas été mécontent de me voir partir. Et moi j'étais soulagée de prendre mes distances. Mais l'heure était venue de faire la paix. L'idée de travailler ensemble nous plaisait à tous les deux, parce qu'on avait envie de renouer des liens distendus mais aussi pour des raisons plus professionnelles : lui avait hâte de se faire les dents sur un gros poisson ; moi, j'espérais trouver un nouveau rythme, moins épuisant que celui de Philippe Lucas. Je rêvais de m'entraîner sans douleur. Sans effort, si possible. De ce point de vue-là, je n'avais pas retenu grand-chose de mon aventure italienne.

Pour Nicolas, le pari était énorme, presque surdimensionné. Il allait s'attaquer à la préparation d'une championne olympique et, même si le challenge l'excitait, je ne suis pas sûre qu'il en ait réellement mesuré la portée. Ni moi, d'ailleurs. Mais j'étais heureuse d'être là, à l'abri, entre mes parents et mes deux frères, désormais hauts comme des armoires à glace.

La méthode de Nicolas était basée sur la technique. Il me faisait travailler mes virages, mes ondulations, à un rythme presque aussi soutenu que celui de Philippe. J'ignorais si je serais capable d'accepter son autorité. Lui n'acceptait pas que je me rebelle. Il ne me passait rien. Il voulait me tenir la bride très serrée, marquer son territoire, me montrer que c'était lui le chef. Pas question de jouer les stars avec lui : c'était le boss, et je devais me soumettre. Il était dur, exigeant. Au fil des semaines, ça s'est envenimé. Il devenait de plus en plus intrusif, autoritaire. Il voulait sans arrêt savoir ce que je faisais. Il me commandait, comme quand on avait dix ans. C'était insupportable. Comme dans notre petite enfance, quand il voulait prendre le dessus. Mais je ne me laissais pas faire, et lui n'était pas prêt à baisser la garde non plus.

Très vite, notre relation s'est dégradée. On s'engueulait beaucoup, comme quand on était gosses et qu'on ne pouvait plus se supporter. Sauf que les enjeux n'étaient plus les mêmes. Nos liens fraternels en ont pris un coup. Dans le même temps, la presse a continué son petit travail de sape : on a dit que j'accaparais la piscine et les appareils de musculation, alors que j'occupais une ligne d'eau à l'heure où les gens dorment encore et que la salle était toujours quasiment déserte. Même chez moi, je n'avais pas la paix.

Malgré tout ce qui s'était passé, j'étais toujours amoureuse de Luca, que j'allais voir dès que je le pouvais. Décidément incorrigible, j'avais refait la bêtise de me faire tatouer son prénom, en caractères chinois, sur la cheville droite. Pour lui, j'ai commencé à prendre des cours de conduite, afin de le rejoindre le plus souvent possible. Il était de plus en plus jaloux, obsédé à l'idée que je voie d'autres mecs. Je devais sans arrêt le tenir au courant de ce que je faisais, où j'étais, avec qui. Entre mon frère et lui, j'avais l'impression d'étouffer…

J'ai commencé à prendre conscience de l'emprise de Luca sur moi le jour où j'ai passé l'examen du permis de conduire. J'avais éteint mon téléphone. Le permis, c'était important, capital même. C'était le sésame qui allait me permettre de gagner Vérone dès que j'aurais du temps libre. J'étais hyper concentrée, je ne me voyais pas répondre à mes textos devant l'examinateur ! Ce matin-là, mon moniteur est venu me chercher deux heures avant pour une dernière leçon. Je me sentais prête, et il faut croire que je l'étais : j'ai été reçue du premier coup. J'étais tellement fière de moi ! J'avais hâte d'annoncer à mon amoureux que j'étais enfin en possession du précieux petit papier rose. En rallumant mon téléphone, je suis tombée des nues : il m'avait laissé quarante messages, de plus en plus furieux et menaçants à mesure que l'heure tournait. Tout ça parce que j'avais éteint mon téléphone l'espace de trois heures ! Quand je l'ai rappelé pour m'expliquer, le calmer et lui apprendre la bonne nouvelle, il était loin de se réjouir pour moi. Fou de rage, la seule chose qu'il a trouvée à me dire c'est : « Tu as sucé l'examinateur pour l'avoir » – en français dans le texte. J'étais abasourdie. Mais pas encore vaccinée contre les sautes d'humeur de mon *latin lover*.

J'ai emménagé dans un appartement près de la piscine. Acheté une belle voiture flambant neuve. Le samedi matin, je me dépêchais d'aller à l'entraînement pour filer ensuite direction Vérone. J'étais loin d'être une conductrice aguerrie, mais ça ne m'empêchait pas de traverser les Alpes pour faire l'aller-retour dans le week-end. Par n'importe quel temps, cinq cent cinquante kilomètres à l'aller, autant au retour, près de six heures de route dans chaque sens pour les beaux yeux bruns de mon mec qui trouvait ça parfaitement normal. J'étais folle ! C'était l'automne, la route était souvent pluvieuse, brumeuse, glissante, pleine de camions qui filaient à toute allure et me fichaient la trouille. Mais je le faisais, en bon petit soldat de l'amour.

Un matin de novembre, alors qu'il y avait un brouillard à couper au couteau, une voiture m'a coupé la route alors que je sortais de chez moi. Elle a surgi d'un coup, comme un fantôme, pour s'encastrer dans l'aile de ma voiture. J'ai eu la frayeur de ma vie. Plus de peur que de mal, heureusement, car je n'ai rien eu. Mais beaucoup de tôle froissée et ma belle Audi tout juste bonne à charger sur la dépanneuse. Je n'ai pensé qu'à une seule chose : comment rejoindre Luca ? Il m'attendait, je ne pouvais pas ne pas y aller. J'ai passé mentalement en revue tous les modes de transport possibles, l'avion, le train, mais il n'y avait aucune solution. Comment lui annoncer la nouvelle ? J'avais une boule dans le ventre à l'idée de le faire, de l'entendre s'énerver à l'autre bout du fil, crier, réclamer que je vienne, par n'importe quel moyen. Je ne sais pas pourquoi, j'ai soudainement réalisé que ça n'était pas ça, l'amour. Que je n'avais pas à subir ça alors que je venais d'avoir un accident de voiture. Comme si, d'un coup, j'avais retiré des œillères.

J'ai décidé de le quitter, sans oser encore lui avouer.

Plus douloureuse encore a été la séparation d'avec Marco Durante. Pourtant, mes parents ne se sont jamais plaints, ne m'ont jamais fait le moindre reproche.

Mon père, Didier Poulmaire et moi devions trouver une porte de sortie amiable pour régler cette histoire. Tous réunis autour d'une table, nous avons enterré la hache de guerre. Cette issue fut un immense soulagement. Mais je n'avais pas encore annoncé la principale nouvelle à mon père. Je lui ai dit que j'allais quitter Luca, qu'il n'était pas l'homme de ma vie comme je l'avais toujours cru. Je me souviendrai toujours de la manière dont le visage de mon père s'est éclairé. Je ne l'ai jamais vu aussi soulagé qu'à cet instant-là, comme si l'on ôtait de ses épaules des kilos de plomb. Il m'a dit que c'était le plus beau jour de sa vie, lui qui n'est pas homme à s'épancher. J'ai alors compris à quel point il s'était inquiété. J'en ai été touchée et j'ai eu honte de la peine et du souci que maman et lui avaient endurés à cause de moi.

Il me restait à tout dire au principal intéressé. Ça s'est passé aux championnats d'Europe en petit bassin de Berlin, en novembre 2007. Les compétitions en petit bassin, qui se déroulent à la fin de l'automne, sont moins capitales pour un nageur que celles en grand bassin, qui ont lieu au printemps et en été. Mais elles sont tout de même très importantes pour évaluer son niveau, gagner des médailles et battre des records. Je me devais d'apparaître dans ces rencontres internationales, qui me permettaient de prouver que j'étais toujours là, que j'en avais sous le pied et que je restais difficile à battre. J'ai fait le job : j'ai gagné le cent et le deux cents mètres nage libre et battu un record d'Europe. Avant de rentrer chez moi, j'ai annoncé à Luca que c'était fini, que je ne voulais plus de lui. Point barre. Je lui ai dit bien en face et je suis partie sans me retourner. La seule chose positive de toute cette histoire, c'est que j'ai appris l'italien. Pour le reste, c'est un gâchis total.

Trois semaines plus tard, Luca s'affichait au bras de Federica Pellegrini. Quant à moi, un visage s'était déjà substitué au sien dans mon cœur. Un beau brun tout bouclé. Il s'appelait Benjamin Stasiulis, nageait à Mulhouse depuis l'âge de quatorze ans, comme moi. Incorrigible cœur d'artichaut, j'étais de nouveau amoureuse. Mais cette fois, pas question d'en dire un mot à la presse. J'ai fui les photographes, les questions des journalistes, et renoncé à utiliser mon stylo. Quand j'écrivais des choses sur mes tee-shirts, mes doigts, sur la paume de mes mains, ça n'était pas pour qu'on en parle, ni pour que ça alimente les rubriques people. C'était pour moi seule. Mais j'avais compris qu'il fallait arrêter. Je refusais désormais d'offrir mon amour en pâture. Pour vivre heureuse, je savais que je devais vivre cachée.

Luca Marin n'avait pas encore dit son dernier mot. Quelques semaines plus tard, à Debrecen, en Hongrie, j'allais croiser une dernière fois sa route. C'était au championnat d'Europe en petit bassin, où nous nagions tous les deux. Même s'il sortait ouvertement avec Federica, il ne digérait pas ma liaison avec Benjamin. Comme si j'étais sa chose, et que je doive lui appartenir. En bon macho italien, il ne supportait pas l'humiliation d'avoir été plaqué. Luca voulait que je lui rende une bague qu'il m'avait offerte, un joli anneau Damiani serti d'un petit diamant, que j'aimais beaucoup. Je ne voyais pas au nom de quoi j'aurais dû le lui rendre. C'était un cadeau, pas une alliance de famille ayant appartenu à sa grand-mère ou une bague de fiançailles. Est-ce que moi, je lui demandais de me rendre tous les présents que je lui avais faits ? Et pourquoi pas de me rembourser le prix des billets d'avion pour les Maldives ?

Je trouvais ça totalement minable, grotesque, nul. Mais Luca ne lâchait pas l'affaire. Il envoyait des nageurs français me réclamer son précieux bien. On se serait cru à l'école maternelle. C'était d'une mesquinerie ! J'étais tellement furieuse que j'ai fini par aller le voir au bord du bassin d'entraînement, où il traînait avec ses potes de l'équipe d'Italie. Je lui ai balancé sa précieuse bague à la figure, comme ça, devant tout le monde. Sa tête ! Humiliation supplémentaire, elle est tombée dans la goulotte de la piscine, et il a dû galérer un bon moment à quatre pattes pour la récupérer… Il était décomposé.

Mais son petit manège ne s'est pas arrêté là : il voulait sa revanche, quitte à se donner en spectacle. Je me préparais à prendre le départ d'une course et j'attendais, concentrée, en chambre d'appel, avec mes concurrentes. Cet endroit, c'est un sanctuaire, l'antichambre de la course, le lieu où un regard assassin peut suffire à liquider un adversaire. Là-dedans, on se jauge, on se concentre, on répète mentalement l'épreuve à venir. Personne n'a le droit d'y entrer. Suprême sacrilège, Luca a soudainement surgi devant moi. J'avais mes écouteurs, je ne l'ai pas entendu arriver. Il portait un peignoir bleu marine, capuche rabattue sur la tête. Il s'est mis à brailler, à m'insulter, au moment où je m'apprêtais à disputer la finale sur deux cents mètres nage libre. Un de ses copains a finalement réussi à le faire sortir de là, mais le mal était fait.

Comment rester concentrée après une telle irruption ? J'ai fini deuxième.

Nicolas était hors de lui : il a déposé une réclamation auprès de la ligue européenne de natation afin que Luca soit sanctionné pour son « comportement antisportif ». Quant à moi, j'étais tracassée, et pas seulement à cause de Luca. Tracassée, le mot est faible. Peu de temps avant, au bord du bassin d'échauffement, quelqu'un était venu m'avertir que des photos de moi commençaient à circuler sur Internet. Pas n'importe quelles photos : des clichés particulièrement suggestifs… j'ai tout de suite compris. J'étais abasourdie. Submergée de honte. Je ne m'attendais pas le moins du monde à voir ressurgir ces fameuses images prises dans ma salle de bains de Canet près de deux ans plus tôt. Bien sûr, au moment de ma rupture avec Pierre, j'avais tremblé à l'idée qu'il puisse s'en servir contre moi. Mais il ne l'avait pas fait, et je croyais naïvement qu'il ne le ferait jamais. Dans mon esprit, il y avait prescription. Je n'y pensais plus depuis longtemps.

Nicolas avait une raison supplémentaire de se mettre en colère. Après les esclandres de mon ex en chambre d'appel, voilà que sa petite sœur se retrouvait à poil sur le Web. Il était fou de rage. Il m'a bien fait comprendre que j'étais une conne, et ne m'a plus adressé la parole. J'avais besoin de soutien et il était clair que ce n'était pas de son côté que j'en trouverais.

Évidemment, vu ce qu'il s'était passé avec Luca, les journalistes ont immédiatement conclu que les photos venaient de lui. C'était d'une logique imparable. Sauf que c'était faux. Le pauvre ! Il avait beau se défendre et nier de toutes ses forces, il faisait figure de coupable idéal. Il était doublement puni : non seulement il passait pour un salaud mais, connaissant sa jalousie maladive, c'était encore plus dur à avaler pour lui qui ignorait complètement d'où pouvaient bien sortir ces clichés et quand ils avaient été pris… Je n'ai pas confirmé que c'était lui. Je n'ai rien fait pour démentir non plus. Parce que je n'ai pas voulu m'exprimer sur tout ça – *never explain, never complain*, et moins on en parlait mieux c'était – mais aussi parce que, après tout, c'était de bonne guerre qu'il en bave un peu, lui aussi. Je l'avoue, j'ai pris un peu plaisir à le voir accusé. Après ce qu'il m'avait fait endurer, je m'en fichais pas mal. C'était même une petite vengeance de lui faire porter le chapeau, et je ne m'en suis pas privée.

Je me consumais de honte. Je me sentais sale. Je pensais à la réaction de mes parents, à celle de leur entourage, à tous ces gens qui me verraient plus que nue, dévoilée au plus profond de mon intimité. Je vivais ça un peu comme un viol, même si le mot est fort. Tout le monde pouvait voir mes seins, mon sexe. Sans parler des critiques physiques, des gens qui commentaient ma musculature, mon « corps de mec ». Je n'en dormais plus, j'en étais malade.

Quand on est avec quelqu'un, qu'on a des sentiments, on ne s'imagine pas que ce genre de chose puisse arriver. Je voudrais mettre en garde les jeunes filles, leur dire de faire attention, de penser aux conséquences quand on se laisse aller à ce genre de petit délire avec son amoureux. On n'est jamais à l'abri d'un mouvement d'humeur, d'une sale petite vengeance. On traîne ça ensuite comme un boulet, à vie. Depuis des années, je paye une société qui est chargée de les effacer du Net dès qu'ils ressurgissent. Mais régulièrement, des cons les rappellent à mon souvenir, me les renvoient sur Twitter ou les remettent en circulation. Le seul fait d'en parler pour alerter les jeunes filles est à double tranchant : je sais que ça donnera l'idée à des gens qui ne les ont pas encore vus d'aller consulter les clichés sur le Web. Mais tant pis. Ça fait six ans que je vis avec ça. Ma seule hantise, c'est que Manon les voie quand elle sera plus grande. Tout le reste, la honte, l'humiliation, la colère, ça fait désormais partie de mon histoire. On ne peut plus rien y changer. J'en ai pris mon parti. De toute façon, dans mon esprit, tout le monde les a vus. Chaque personne que je rencontre est susceptible de les avoir regardés ou d'aller y jeter un coup d'œil. Je dois faire avec.

Je crois que c'est à ce moment-là que la dépression a commencé à grignoter mon esprit, sans que je m'en rende vraiment compte. Depuis que j'étais partie de chez Philippe, tout allait de travers. La séquence italienne ridicule, le vaudeville minable avec Luca, et maintenant ces clichés volés... Ma relation avec mon frère était plus que tendue : irrespirable. Sa froideur, alors que j'étais à terre, abattue par la diffusion de ces photos dégueulasses, m'avait profondément blessée. Sa tyrannie dans le bassin ne passait plus non plus. Notre relation était déséquilibrée, biaisée d'avance. Nous ne nous comprenions pas. Il était si jeune, diplômé depuis deux ans à peine. Il voulait bien faire, prouver qu'il était capable de me maintenir au top. Mais j'étais ingérable et – je le dis sans prétention ni fausse modestie – la nageuse la plus titrée de l'histoire de la natation française. Il ne pouvait pas me traiter comme un de ses nageurs de niveau régional. Pour compliquer les choses, j'étais vraiment flemmarde. Je me traînais dans le bassin et ça le rendait fou. Mais j'ai toujours été comme ça : c'est en course que je fais des étincelles, comme si l'enjeu me conférait des superpouvoirs.

J'avais eu tort de penser que ça pourrait marcher, qu'on pourrait travailler ensemble. C'était injuste aussi pour lui, insoluble. Si on avait analysé la situation froidement, on s'en serait rendu compte dès le départ : sa soif de reconnaissance, alors qu'il était l'aîné et le plus diplômé, mon état d'esprit actuel composaient un cocktail explosif qui nous menait droit dans le mur. Sans compter que la piscine d'Ambérieu ne disposait pas, avec son petit bassin de vingt-cinq mètres, de l'équipement nécessaire à l'entraînement d'une nageuse de haut niveau.

Je ne me l'avouais pas encore mais, au fond de moi, je savais que je ne réussirais pas à Pékin, que je courais au-devant d'un naufrage. Au-delà des péripéties de mon entraînement, j'avais perdu l'envie, la foi, la niaque de gagner. Quel que soit l'état déplorable de notre relation, je me refusais à faire porter à Nicolas le poids de mes échecs à venir. Je savais qu'on lui tomberait dessus, que mes contre-performances prévisibles lui seraient imputées. Je ne voulais pas qu'on dise que j'avais échoué à cause de lui. J'avais fait trop d'erreurs pour briller et il aurait été injuste que Nicolas en pâtisse à ma place. Je refusais que mon échec pourrisse sa carrière, lui qui souffrait déjà tellement d'être l'éternel « frère de ». Il n'y était pour rien. Tout était de ma faute, de A à Z.

Au fond de moi, une petite voix me disait que j'avais commis une erreur en quittant Philippe. Mais c'était trop tard pour revenir en arrière. Après l'Italie, j'avais eu besoin de ma famille, de ce cocon protecteur. Et maintenant, il était clair qu'il me faudrait à nouveau prendre une décision radicale. Au risque de confirmer ma réputation de championne versatile et capricieuse, je devais partir. Quitter Ambérieu et Nicolas. Je déteste l'affrontement, alors je suis partie sans rien dire. C'est mon père qui a annoncé la nouvelle à Nicolas. Et

Nicolas m'en a voulu, évidemment. Il avait raison : j'aurais dû trouver le courage de lui expliquer de vive voix et qu'on se dise les choses, vraiment. J'ai été nulle, c'est vrai.

Au milieu de ce champ de ruines, je pouvais compter sur Benjamin. Il a été super. Il m'a soutenue, épaulée, sans me juger. Et pourtant, que ça doit être dur pour un mec de voir sa nana exposée comme un morceau de viande à la face du monde ! Benjamin s'entraînait à Mulhouse, avec Lionel Horter. Je connaissais Lionel, un bon entraîneur, qui coachait l'équipe de France et avait drivé de grands nageurs, dont Roxana Maracineanu. Je savais qu'on pourrait s'entendre lui et moi. J'ai tenté ma chance, et je lui ai demandé s'il accepterait de m'entraîner jusqu'aux Jeux. Il n'était pas obligé d'accepter : pour les professionnels, il devenait clair que j'avais perdu beaucoup de temps, que mon errance entre Canet, Turin et Ambérieu plombait sérieusement mes chances de médailles à Pékin. Mais il a répondu oui.

Fin janvier, j'ai loué un appartement à Mulhouse, j'ai pris Canelle, ma petite chienne Cavalier King Charles sous le bras, et j'ai fait mes valises pour l'Alsace. J'étais à trois heures de route de chez mes parents, j'avais besoin de les savoir pas loin, de pouvoir leur rendre visite le week-end de temps en temps. J'ai transféré ma licence du club de Canet, pour lequel je continuais à nager – les coûts de mon transfert auraient été bien trop élevés pour

Ambérieu –, à celui de Mulhouse. Pour la première fois de ma carrière, je me retrouvais sous les couleurs d'un club fédéral, directement sous le regard des instances nationales de la natation.

Avec Lionel, c'était bien parce que c'était différent. Il est très gentil, très humain. Il m'a présenté sa femme, ses deux filles. C'est quelqu'un qui aime beaucoup les animaux, il a des chiens, des chevaux. J'étais impressionnée de voir tout ce qu'il arrivait à faire en dehors de la natation, moi qui n'avais connu que des gens dévorés par le sport. C'est quelqu'un de curieux, très actif. Quelqu'un de doux, de posé, qui ne s'énerve jamais. Quelqu'un de très « normal », et c'était reposant.

Philippe nous faisait nager vite, en force, mais sans style, un peu n'importe comment, comme des bourrins. Lionel, lui, travaillait beaucoup la technique : j'apprenais à placer ma main comme ceci, mon pied comme cela. Les séances de musculation étaient moins dures, plus en finesse. On faisait beaucoup de kilomètres, mais on avait plus de temps : la séance durait trois heures et demie au lieu de deux heures. L'avantage, c'est que personne ne me surveillait, je nageais six kilomètres à mon rythme et basta. L'inconvénient, c'est que c'était plus long, et donc encore plus ennuyeux. Mais Lionel ne transige pas : j'ai voulu m'entraîner avec lui, à moi de me plier à ses conditions. Je travaille avec le groupe, pas question de jouer la star.

Lionel m'a convaincue de me remettre sur le deux cents mètres dos, la distance fétiche de Roxana. Il était prêt à assumer ce pari de me faire nager le deux cents mètres, que je n'avais jamais couru au niveau international, et sa carrière lui permettait de prendre ce risque. Je n'ai jamais aimé cette course. C'est la pire, la plus difficile des épreuves, entre le sprint et la stratégie. Il faut savoir être rapide, mais ne pas tout donner d'emblée. C'est aussi la course la plus douloureuse pour les jambes. On doit nager vite, relativement longtemps, et c'est une torture. Mais j'étais motivée pour le faire, alors que j'avais toujours refusé jusque-là. La nouveauté me stimulait. Je n'avais pas de point de repère, pas d'antécédent, pas de pression, et c'était bien pour prendre un nouveau départ.

Lionel avait visé juste. En mars, à Eindhoven, aux Pays-Bas, j'ai battu deux fois le record de France et remporté le titre, en améliorant à chaque fois mon temps jusqu'à gagner 7 secondes. Pas mal, pour une nouvelle venue ! Sur le cent mètres dos, en revanche, je ne suis arrivée que deuxième après avoir disputé son record d'Europe à Anastasia Zueva. J'ai gagné le relais quatre fois deux cents mètres avec Coralie Balmy, Mylène Lazare et Alena Popchanka. Alors on y croit, Lionel et moi. On se dit qu'on va peut-être y arriver. Peut-être…

À Dunkerque, un mois plus tard, ce n'est déjà plus la même chanson. Les championnats de France sont qualificatifs pour les JO de Pékin. Je dois montrer ce que je sais faire au deux cents mètres dos, mais aussi sur cinq autres épreuves. C'est beaucoup. C'est trop. Il est déjà loin, le temps où je pouvais enchaîner les épreuves les doigts dans le nez et la fleur au fusil, passant d'une série à une finale avant de replonger pour la course suivante – et avec le sourire, s'il vous plaît. Chaque course me demande plus d'efforts, me fait souffrir davantage. J'ai les épaules percluses de tendinites, les jambes en plomb après chaque course. J'ai beau tout donner, je n'en ai plus autant sous la semelle.

Je n'ai qu'une chose en tête : confirmer que je suis la patronne sur ma distance fétiche, le quatre cents mètres nage libre. Personne ne m'a jamais battue sur cette épreuve depuis 2004. Tout mon amour-propre, ma fierté, mon orgueil résident dans ces huit allers-retours que j'ai longtemps nagés le plus vite du monde. En mars, à Eindhoven, Federica Pellegrini m'a piqué mon record mais je n'étais pas alignée contre elle, et je pouvais encore me croire plus rapide lors d'une confrontation. J'avais tort.

Je serre les dents pendant toute la course, furieuse contre moi-même, mes forces qui m'abandonnent, ma volonté qui flanche. La dernière longueur est une torture, s'il avait fallu en nager une de plus, je crois que je me serais laissée couler à pic. Dans un ultime effort, je jette un bras épuisé pour toucher le mur. Troisième. Qualifiée de justesse… Devant moi, Coralie Balmy et une invitée roumaine, Camelia Potec. Camelia n'est pas n'importe qui : elle porte les couleurs de Canet-en-Roussillon, c'est la nouvelle pouliche de Philippe Lucas. Il m'a eue… Surtout, je termine à plus de 4 secondes et demie de mon record, un temps minable. C'est un cauchemar. Rien, pas même mes deux médailles d'or sur le cent mètres, le deux cents mètres dos et mon record de France sur cette épreuve, ne peut me consoler de ce ratage absolu. J'oublie même qu'en me qualifiant au deux cents mètres à une poignée de centièmes du record d'Europe de Krisztina Egerszegi, une nageuse hongroise mythique, je m'ouvre ailleurs des horizons plus que prometteurs. La seule chose que je vois, c'est que je ne suis plus la petite princesse d'Athènes, la reine des nageuses, invincible depuis mes dix-sept ans. Je suis une petite fille qui pleure.

Sur le podium, je craque. Ma médaille d'argent autour du cou, je n'arrive plus à ravaler mes sanglots. Ils me submergent et inondent mes joues, comme quand j'étais gamine et que je me faisais voler la victoire. Je cherche mes parents du regard et je m'élance vers eux. Papa, maman… J'ai honte. Je voudrais me cacher. Aux journalistes, je dis n'importe quoi : je parle de la nouvelle combi Arena, que je n'ai pas encore et qui aurait pu me permettre de gagner. Des bêtises, pour ne pas admettre que je suis vaincue, tout simplement. À cet instant, je sais que c'est fini pour moi : à Pékin, je ne ferai rien.

Malgré tous mes efforts, malgré la patience de Lionel, le dégoût a été plus fort que l'envie. Au fond, je ne croyais plus en ce que je faisais. En un an, j'avais eu quatre entraîneurs différents et je savais que je ne serais pas à la hauteur. J'avais besoin de quelqu'un qui croie en moi encore plus fort que moi, et qui trouve les mots pour me convaincre. Quelqu'un qui me maraboute. Lionel n'a pas pu lever mes doutes. Seul Philippe savait faire ça. S'il ne m'avait pas dit et martelé que j'étais la meilleure, je serais restée une nageuse comme les autres. Il me l'a souvent répété et je sais qu'il a raison : avec lui, j'aurais pu être double, voire triple championne olympique. Pourtant, Dieu sait que j'aurais adoré le faire mentir, réussir sans lui, lui montrer que j'étais la plus forte. On avait une revanche à prendre l'un sur l'autre. Je voulais prouver que j'existais par moi-même. Lui devait démontrer que le travail qu'il m'imposait n'était pas de la torture gratuite. Bizarrement, il me manquait. Je parle du Philippe Lucas privé, pas celui des bassins. Pas celui qui gueule, vous traite de « championne olympique de mes deux », qui vous jette à la porte de l'entraînement parce que vous ne nagez pas assez vite à son goût, pas la grande gueule qui joue les durs. Le Philippe intime, le type attentif et attachant qui chahute avec ses nageuses, qui prend de vos nouvelles et qui est là en cas de coup dur. Toute l'ambiguïté de ma relation avec lui m'explosait au visage : c'était bizarre de l'admettre, mais je ne me suis jamais aussi bien entendue avec un entraîneur qu'avec Philippe. Pendant quelques années, notre relation a été très compliquée. Après mon départ pour Turin, au bord des bassins, on ne savait plus si on devait se saluer ou pas. Un coup on se disait bonjour, la fois suivante on ne se disait rien. Les journaux avaient tellement commenté notre séparation, mon départ, qu'on n'avait pas envie, ni lui ni moi, de lire des commentaires sur la nature de nos rapports, bons ou mauvais. C'était notre affaire. C'était entre lui et moi.

Je savais qu'il cherchait une fille capable de me vaincre. Camelia Potec était la flèche susceptible de m'abattre. Ce jour sombre, à Dunkerque, elle m'a touchée au cœur. Philippe pouvait jubiler, j'étais à terre.

Mulhouse est une ville grise, où je ne me suis pas sentie bien. Je m'y ennuyais. Je savais que je n'y resterais pas. J'avais décidé de tenir seulement jusqu'aux Jeux, et Lionel l'avait accepté. De toute façon, c'est difficile de continuer avec un entraîneur qu'on a déçu, et j'anticipais que c'était ce qui allait se produire. On savait tous les deux qu'il n'y aurait pas de miracle Manaudou.

J'envisageais de rallier le Team Lagardère et Frédéric Vergnoux, un bon club et un coach que j'aimais bien, qui avait très bonne réputation. Surtout, je jouais déjà depuis un moment avec cette idée que je pourrais arrêter, raccrocher mon maillot de bain et prendre de longues, très longues vacances. Il y avait le contrat avec Pinault, qui courait jusqu'aux Jeux de Londres, en 2012. Quatre ans… Ça me semblait insurmontable. Je ne voulais pas nager pour l'argent. Je ne voulais pas nager pour faire plaisir aux autres. Je ne voulais pas nager du tout. Mais j'avais mon billet pour Pékin, alors j'y suis allée quand même, pour mes sponsors et mon mécène. J'y suis allée comme on se rend à l'abattoir.

J'étais tellement certaine de ne faire aucun résultat que je n'ai même pas proposé à mes parents de leur offrir le voyage. Je n'avais pas envie de leur infliger ma noyade en direct. À Dunkerque, j'avais été battue à plates coutures par mes compatriotes, comment espérer gagner quoi que ce soit face à la crème des nageuses internationales ? Les autres étaient hors de portée, elles ne m'avaient pas attendue, elles s'étaient entraînées dur. Ça ne servait à rien de se raconter des histoires.

J'ai pris l'avion, direction la Chine. Comme d'habitude, je n'ai rien vu de ce pays. On me dit sans arrêt : « Tu es allée partout, tu as fait le tour du monde » – l'Australie, la Chine, le Canada, l'Europe de l'Est, le Brésil… Mais la vérité c'est que, de chaque endroit où j'ai mis les pieds, je n'ai rien vu d'autre que la piscine. Et toutes les piscines du monde se ressemblent. Mais il faut reconnaître que le Cube d'eau, le bassin construit spécialement pour les Jeux de Pékin tout près du fameux stade en forme de nid d'oiseau, était un superbe bâtiment : l'enveloppe extérieure, spectaculaire, semblait constituée de bulles qui, la nuit venue, s'illuminaient. C'était magique. Quelques jours avant les épreuves, nous avons pris nos quartiers au village olympique. Le village était en fait une ville de 17 000 habitants, constituée de blocs de hauts immeubles répartis autour de grandes allées fleuries. Le restaurant ressemblait à un immense hall de gare.

Comme à chaque olympiade, les nageurs commençaient leurs épreuves dès le lendemain de la cérémonie d'ouverture, à laquelle, une fois de plus, nous n'assisterions donc pas. Avant mes courses, Lionel et moi sommes allés en ville nous poser pour discuter dans un petit café d'une galerie marchande qui reproduisait une rue du vieux Pékin. On y vendait toutes sortes de gadgets et de contrefaçons sur lesquelles on se précipitait allégrement. Lionel comme moi avions besoin de nous éclaircir les idées sur ce qu'il se passerait après la compétition. Il voulait aussi savoir ce qu'il pouvait dire de mes intentions. On a discuté, calmement, de ce que je ferais après. Je lui ai dit que j'envisageais de rejoindre Frédéric Vergnoux. J'ai surtout reconnu que je me sentais au bout du rouleau. Mais ça, il le savait déjà.

Pékin, c'est le trou noir. Je ne me souviens même plus ce que j'ai nagé, sur quelles épreuves je me suis qualifiée. Je suis obligée de consulter ma fiche Wikipédia pour me rafraîchir la mémoire. Comme j'aimerais rayer de mes souvenirs ce quatre cents mètres nage libre apocalyptique... Qualifiée de justesse pour la finale, je nageais dans la ligne 8, comme à Montréal en 2005. Sauf qu'ensuite, ça ne s'est pas du tout passé pareil. Je me souviens d'avoir plongé, bien nagé les cent cinquante premiers mètres. J'étais devant, les trois premières longueurs. J'aurais pu y croire. Mais j'ai abandonné. Je n'ai pas pu continuer, je n'avais plus envie. Le ressort était cassé. J'ai fini dernière, très loin derrière les autres, à plus de 8 secondes de la gagnante, Rebecca Adlington. J'ai fait 4 minutes 11 secondes et 26 centièmes, le temps que je réalisais lorsque je nageais au niveau régional. Quelle honte ! J'ai pleuré au micro de Nelson Monfort. Après Nelson, les journalistes de toutes les autres chaînes attendaient. J'ai commencé à répondre à leurs questions, et puis je suis partie, je n'ai pas pu. J'étais submergée, l'émotion était trop forte, trop violente. Je sais que ça a été mal interprété, mais j'étais comme carbonisée de l'intérieur. Parler était une torture. Il valait mieux me ficher la paix. J'étais pathétique, je le savais, il n'y avait rien à dire.

Je me suis même demandé si ça valait le coup que je m'aligne pour mes autres courses – une finale du cent mètres dos dans laquelle j'ai fini septième, le deux cents mètres dos que j'ai terminé quinzième. Vu mes fiascos, j'ai préféré ne pas participer au relais quatre fois cent mètres quatre nages. J'ai quitté le Cube d'eau sans un regard en arrière, honteuse et soulagée. J'avais enfin avoué, devant les caméras, que je voulais souffler, m'arrêter quelque temps, et que je ne terminerais pas la saison.

Ça peut sembler complètement fou, mais je garde aussi de très bons souvenirs de Pékin. Comme s'il y avait eu deux Laure, la championne abattue en plein vol et la jeune femme avide de profiter de la vie. Quand j'ai eu terminé mes épreuves, je me suis mise en mode touriste et j'ai fait la fête tous les soirs. Je voulais m'étourdir, ne plus penser à ce qui était arrivé, profiter de ces moments magiques qu'on passe, avec l'équipe de France, quand l'ambiance est bonne et qu'on se lâche enfin. Je partageais ma chambre avec ma copine Alena Popchanka. Avant la compétition, on était allées s'acheter plein de gadgets, des vernis, des gels pour les pieds qui restaient collants parce qu'on ne savait pas qu'il fallait les sécher sous une lampe spéciale. On avait des paillettes partout. Il y avait une manucure au village olympique qui nous peignait les ongles en bleu-blanc-rouge. Comme d'habitude, j'avais fourré de jolies tenues dans ma valise, mais on portait les robes de contrefaçon qu'on avait achetées sur place. On sortait danser tous les soirs en robes à paillettes et talons, pour rentrer à l'heure où les autres athlètes prenaient leur petit déjeuner au self. On se croisait, eux avec leurs plateaux diététiques, leurs fruits et leurs yaourts, tandis qu'on rapportait nos gros hamburgers du McDo, qu'on dévorait avant d'aller nous coucher, épuisées d'avoir dansé toute la nuit. Mes soirées à Pékin, lors de cette deuxième semaine, comptent parmi les meilleures de ma vie.

J'avais besoin de tourner la page. Avec Benjamin aussi, l'histoire s'est terminée là. On était trop souvent ensemble, on s'entraînait dans la même ligne d'eau, on se voyait vingt-quatre heures sur vingt-quatre. Qu'est-ce qu'on avait à se raconter ? On savait tout l'un de l'autre, et nos journées n'avaient rien de très passionnant. C'était trop, même si à l'époque il me fallait quelqu'un capable de comprendre quelle vie je menais. Mais au bout d'un moment, on n'avait vraiment plus rien à se dire. Pour la première fois, j'ai quitté un garçon non pas pour un autre, mais pour moi-même. Et je suis restée célibataire un mois et demi, record personnel qui tient encore aujourd'hui.

Et puis il a fallu rentrer. Comme je l'ai déjà dit, la période qui suit des jeux Olympiques, qu'on ait gagné ou échoué, est toujours difficile à appréhender. J'avais reconnu devant les caméras que je n'avais pas l'énergie de continuer, et j'ai abandonné l'idée de travailler avec Frédéric Vergnoux. Au lieu de ça, je suis partie en vacances à Marseille, où j'ai retrouvé mon amie Anne-Sophie Le Paranthoën.

J'ai commencé à nager un peu avec Anne-Sophie, comme ça, pour voir. Et puis j'ai pensé que je reprendrais bien là, dans cette grande ville qui me plaisait bien, entre le bleu de la Méditerranée et les falaises de calcaire blanc des calanques. Le Cercle des nageurs de Marseille en lui-même dispose d'infrastructures absolument dingues, trois bassins dont un d'été, le tout posé au bord de l'eau comme la proue d'un paquebot. Le moins que l'on puisse dire, c'est que ça me changeait de Mulhouse, de ses brumes, de son froid coupant et de sa tristesse, qui ne faisait qu'alimenter la mienne. Marseille m'a plu instantanément : j'aimais ce soleil permanent, l'animation du Vieux-Port et les balades le long de la corniche, les boutiques de fringues de la rue Paradis, les petits cafés du Panier.

J'ai demandé à Romain Barnier, le coach du Cercle, s'il voulait bien que je vienne. Les entraîneurs se méfiaient de moi, de mes humeurs, de mes caprices. Depuis que j'avais quitté Philippe et entamé mon errance, ils ne se bousculaient pas pour me récupérer. J'étais comme une grenade dégoupillée, que personne n'avait vraiment très envie de prendre en main. Romain m'a prévenue que ça ne marcherait pas si je me contentais de trois séances de palme en papotant avec ma copine. Il faudrait accepter de s'entraîner dur, et ensuite on verrait. J'ai dit d'accord.

J'étais fragile. Je ne m'en rendais pas vraiment compte, mais je vivais sur un fil tendu qui pouvait à tout instant se rompre pour me faire sombrer dans la dépression. En apparence, j'avais digéré Pékin pour passer à autre chose. J'avais envie de changement, jusque dans ma silhouette. Je me suis fait opérer des seins, passant de mon petit bonnet B à un joli bonnet C. J'ai rencontré le chirurgien d'une amie, et j'ai pris ma décision en trois jours. J'ai longtemps été un garçon manqué. Je me voyais à la télé, en maillot, baraquée, avec ces épaules musclées, ces abdos obliques dessinés comme ceux d'un mec… Je penchais plus du côté masculin que féminin, et j'avais envie de changer ça. Déjà, les photos que je faisais pour mes sponsors et les marques que je représentais m'avaient donné le goût de m'occuper de moi.

J'avais été flattée que Lancel, une maison qui incarnait le chic et le luxe à mes yeux, jette son dévolu sur moi pour la représenter. Le sport, la natation, ça semble pourtant tout le contraire du glamour et de la sophistication. Isabelle Brulier, la directrice de la communication de Lancel, m'avait prise en main. C'est elle qui avait eu l'idée audacieuse de me choisir. Du jamais-vu. En 2005, pour ma première séance de photos avec eux, ils m'avaient emmenée à Marrakech, dans un somptueux palace de la Palmeraie. Je devais poser avec, en bandoulière sur l'épaule, tous les sacs de ma ligne, frappée de mon papillon fétiche. En jean ou intégralement vêtue de blanc, un bandeau dans les cheveux, bien maquillée, bien coiffée, je me trouvais jolie – même si j'étais très gênée pour les vacanciers d'être plantée pour les besoins de la photo au milieu de ce paysage de rêve, eux qui avaient payé assez cher pour avoir envie de le contempler tranquillement ! Comme toujours, j'avais peur de déranger… Puis il y avait eu la séance avec la comédienne Alice Taglioni, dans la fontaine de la place Vendôme. On ne se connaissait pas, mais on s'est tout de suite plu. C'est une très belle actrice, une célébrité, et moi qui ne suis qu'une simple nageuse, j'étais intimidée. Il a fallu briser la glace, parce que nous devions avoir l'air de nous éclater ensemble alors qu'on venait juste de se rencontrer. Mais c'est devenu très vite naturel, on a bien rigolé et c'était très sympa. La séance a duré jusqu'à 4 heures du matin ! C'était à la fois excitant et fastidieux, parce qu'il fallait faire une photo où l'on soit bien toutes les deux, où l'on voie bien les sacs, alors qu'on devait s'ébattre dans l'eau d'une fontaine ! À chaque prise, nous devions retourner changer de vêtements, nous faire coiffer et maquiller, puis recommencer. C'était très drôle, et on s'est beaucoup amusées, les photos étaient très belles et j'en garde un excellent souvenir.

Plus jeune, mes parents m'ont peut-être dit que j'étais jolie, mais je ne m'en souviens pas. Avant tout ça, je me fichais un peu de mon apparence. Ça ne m'intéressait pas. Puis je me suis rendu compte que je commençais à plaire, et j'ai eu envie de prendre soin de moi. Je n'étais pas spécialement complexée par mon corps, mais je trouvais ça plus joli d'avoir un décolleté mieux garni. Voilà, c'est ça : j'avais envie d'être une femme, et que ça se voie.

Mais comme une gosse, je l'ai fait en cachette de mes parents. Lorsque je suis retournée les voir à Ambérieu, quelques jours après l'intervention, je n'ai rien dit à personne. Ma mère m'a regardée en fronçant les sourcils, puis elle m'a dit : « Tiens, c'est bizarre, on dirait que tu as plus de poitrine qu'avant. » Plutôt que de dire la vérité, j'ai bafouillé comme une gamine que je portais un soutien-gorge pigeonnant. Mais je devais faire des allers et venues pour faire retirer les points de suture, et j'ai fini par reconnaître la vérité. Je lui ai montré le résultat, qu'elle a trouvé très joli. J'avais demandé au chirurgien de placer les implants au-dessus du muscle, pour ne pas me gêner. Mais bon, ça n'était pas idéal pour une athlète, et les journaux ne se sont pas privés de l'écrire. J'étais sous leur loupe et, quoi que je fasse, c'était commenté, disséqué, critiqué. Et si j'occupais moins les pages des résultats sportifs, mon histoire avec Luca avait fait de moi une vedette des pages people. J'avais toujours droit aux honneurs de *L'Équipe* toutes les semaines, seulement c'était pour parler de mes seins ou de mes affaires sentimentales.

Après le fiasco de Pékin, je m'étais préparée à ne pas être bien traitée par la presse. Nos rapports ont toujours été houleux, chaotiques, parce que j'ai du mal à supporter cette double peine : quand on triomphe, on est soupçonné de dopage, et quand on perd, eh bien… on n'est rien, un nul, une merde. Dans tous les cas, on a tout faux. C'est assez français, cette façon de s'approprier collectivement la victoire et de rejeter la défaite des athlètes sur leurs seules épaules : « On a gagné, ils ont perdu. » Ça m'énerve. On n'est pas des machines, pas des robots. C'est bête à dire, mais un sportif de haut niveau, c'est un être humain, faillible, qui ne peut pas gagner à tous les coups. Moi, j'ai mal habitué les journalistes, j'ai commencé ma carrière très fort, j'ai tout gagné. Mais le jour où je me suis plantée, ça a été la curée. Après Dunkerque, *L'Équipe* a titré : « Laure Manaudou : le doute ».

Du jour au lendemain, j'étais une moins que rien. Ça faisait mal.

Quand un sportif gagne « trop », c'est encore pire : on dit qu'il est dopé ! La rumeur avait couru sur moi, à une certaine époque. Par exemple, des soupçons de dopage pèsent souvent sur les jeunes nageuses, parce qu'on est inconnues et que, d'un coup, on explose sur des résultats. À Athènes, j'étais championne olympique alors que l'année d'avant, à Barcelone, je n'avais rien gagné. Il y a aussi eu Budapest, en 2006 : j'avais commencé la compétition par un échec sur le quatre cents mètres quatre nages, où je ne m'étais même pas qualifiée pour la finale parce que ça n'était pas ma spécialité. Du coup, quand j'ai battu le record du monde du quatre cents mètres nage libre trois jours plus tard, certains journalistes en ont déduit que ça n'était pas normal, qu'il y avait là quelque chose de louche. Les journalistes de *L'Équipe* soupçonnent régulièrement les nageurs de Marseille, parce qu'ils font beaucoup de musculation, leur corps se transforme et ils gagnent énormément de masse musculaire. S'ils sont plus forts, plus imposants, c'est forcément qu'ils sont dopés. C'est déroutant pour ceux qui ne connaissent pas le sport de haut niveau de l'intérieur. Ils croient que la vérité est ailleurs, et ils l'écrivent…

Ces journalistes-là choisissent leurs cibles et ne les lâchent pas. Ou bien ils ont leurs chouchous, comme Alain Bernard, quels que soient ses résultats. Ils ne font pas de l'information, ils jugent. Ils vont toujours chercher la petite bête, toujours s'acharner sur une contre-performance sans essayer de comprendre le travail, les sacrifices et la souffrance que représente une carrière de haut niveau. Et encore, leurs jugements sont à géométrie variable, notamment à *L'Équipe*. C'est quand même complètement dingue : on lit partout que certains sports sont gangrenés par le dopage et que des champions sont « chargés », mais on continue à faire comme si de rien n'était, à se passionner, et tout le monde est à fond parce qu'il y a beaucoup d'argent en jeu. Sauf qu'à la fin tout le monde sait que c'est le meilleur dopé qui gagne. Dans la natation française, où il n'y a pas d'enjeux financiers, je n'ai jamais entendu parler de dopage. De toute ma carrière, on ne m'a jamais proposé un seul produit. Jamais. Et je pense que c'est la norme dans ce sport. J'espère que ça restera comme ça, parce que le dopage ça pourrit tout, le sport, les familles, les fédérations. C'est un poison.

À force de lire des commentaires négatifs sur moi, je m'enfonçais dans la déprime. On disait que j'aurais mieux fait de ne pas y aller, que j'aurais dû laisser ma place à une autre, que j'étais capricieuse, que j'étais finie. C'était horrible mais, comme une boulimique, je ne parvenais plus à m'arrêter de lire. Comme quelqu'un qui a le vertige et qui ne peut pas s'empêcher d'approcher du bord de la falaise, parce qu'il se sent attiré par le vide. Je lisais encore et encore ce flot continu de méchancetés. Je me disais : « Il faut que j'arrête, que j'oublie tout ça. » J'avais tellement honte que je pouvais à peine mettre le nez dehors.

Avec moi, Romain Barnier ne savait pas vraiment où mettre le curseur. Au niveau national, je me maintenais à flot. En décembre, aux championnats de France en petit bassin d'Angers, j'ai gagné deux médailles d'or et une de bronze, devenant la nageuse la plus récompensée, avec cinquante-deux titres nationaux depuis le début de ma carrière. Aux championnats d'Europe, à Rijeka, je n'ai récolté que du bronze sur le cent mètres dos, ma quarante et unième médaille internationale. Fin décembre, au meeting de La Réunion, j'ai remporté un relais avec mes coéquipières de Marseille et encaissé mon quatre-vingt-neuvième record de France. Ça ne me consolait pas. Même si les médailles continuaient à s'accumuler par dizaines dans les caisses où les conservaient mes parents, chez eux à Loyes, les dernières me semblaient en chocolat. J'en ai même balancé certaines à la poubelle. La seule que j'ai conservée chez moi, c'est l'or d'Athènes, que je vois briller au fond du tiroir à couverts de la cuisine chaque fois que je l'ouvre pour y prendre une fourchette… Il était loin, le temps où, petite fille, je portais mes breloques en sautoir du podium jusqu'au moment d'aller au lit. J'avais l'impression de patauger dans le petit bain. J'étais l'ombre de moi-même.

J'ai passé trois mois à Marseille, de septembre à décembre 2008. Je n'ai jamais vraiment réussi à m'intégrer. Le groupe était pratiquement 100 % masculin, il fallait accepter que les mecs prennent le dessus, ou bien partir. J'ai laissé tomber. Le cœur n'y était plus. J'ai annoncé fin janvier que j'interrompais ma saison.

Depuis septembre, je sortais avec Frédérick Bousquet. Je l'avais déjà repéré à Barcelone, lors de ma première sélection en équipe de France, et cela faisait dix ans qu'on se croisait dans toutes les compétitions. Là-bas, je n'avais pas osé lui parler : c'était un « grand », il avait bien vingt-deux ans et moi seulement seize. Il me semblait alors inaccessible : trop beau, trop fort, et puis il plaisait trop aux filles. Trop tout, en somme. Cinq ans plus tard, il me plaît toujours autant. J'aime son regard doux couleur ciel et la puissance de son corps tatoué.

Depuis 2002, Fred s'entraîne une partie de l'année aux États-Unis, au sein d'une équipe universitaire. À Auburn exactement, une petite ville perdue de l'Alabama, un État que je serais bien en peine de situer sur une carte. Il m'a proposé de partir avec lui. J'ai dit oui, et nous voilà dans cette voiture qui m'emmène vers mon nouveau départ. Ma nouvelle vie. J'ai un peu peur. Mais je sais qu'à Auburn, au moins, je pourrai sortir promener ma chienne ou pousser mon Caddie au supermarché sans avoir le sentiment d'être épiée. Ce que j'ignore encore, c'est ce que je vais faire de mes journées.

– 10 –

Manon

J'ai toujours rêvé d'être maman. Gamine déjà, j'adorais m'occuper avec ma mère des enfants qu'elle gardait. Il y a eu Célia, puis sa petite sœur Laurianne, et plus tard les jumeaux Morgan et Maximilien. Je pouvais passer des après-midi entiers à jouer avec eux, à m'en occuper, comme une petite maman. J'ai joué avec Célia de ses trois mois, âge où ma mère a commencé à la garder, jusqu'à ses huit ou neuf ans, quand j'ai quitté la maison. Célia était la petite sœur dont j'avais toujours rêvé et que je réclamais à ma mère à chaque Noël sans être jamais exaucée. Avec cette petite fille, je pouvais jouer à la poupée, à la maman, laisser s'exprimer ma part de féminité qui restait en veilleuse dans les jeux de garçon que je pratiquais avec mes frères. Cette attirance pour les bébés ne m'a jamais quittée. J'aime tout chez les petits : les câliner, les sortir du lit à la fin de leur sieste, sentir à quel point ils sont vulnérables, comme ils dépendent de nous pour chaque chose.

Je voulais devenir mère jeune. À chacune de mes histoires d'amour, je me suis projetée dans la maternité. C'est presque indissociable : j'aime un garçon, j'ai envie de lui faire des enfants. Quand je tombe amoureuse de Fred, ça devient une évidence. Très vite, on en parle ensemble et on se met à rêver à ce bébé. J'ai vingt-deux ans, lui veut être père avant la trentaine et il va déjà sur ses vingt-huit ans. Puisqu'on s'aime, puisque j'ai besoin de mettre la natation entre parenthèses, pourquoi attendre ?

Je ressens aussi, sans doute, la nécessité de me prouver que je peux servir à autre chose qu'à nager. La dépression me serre à la gorge, je suis arrivée au bout de mes forces physiques et morales, je suis épuisée et j'ai même du mal à me lever le matin. Je mets des mois à me débarrasser des effluves de chlore qui émane de mes pores, ce relent d'eau de Javel qui résiste à tout – douches, déodorant, parfum –, et qui imprègne jusqu'à ma propre sueur, pour retrouver enfin l'odeur de ma peau.

Avant de partir pour les États-Unis, j'ai commencé à voir un psy, mais j'avais l'impression qu'il voulait me faire dire que ma mère était responsable de mon mal-être, et je n'ai pas eu envie de continuer. Qu'est-ce que ma mère venait faire là-dedans ? Tout ce qui m'arrive, c'est le fruit de mes décisions, de mes erreurs, et la dernière personne à qui je devrais en vouloir, c'est bien ma mère, qui m'a toujours mise en garde aux moments où j'ai fait de mauvais choix.

Égoïstement, je pense qu'un bébé me fera du bien. Qu'il m'obligera à penser à autre chose. Qu'il me donnera le sentiment d'être utile. Je me sens tellement insignifiante, j'ai besoin d'être indispensable à quelqu'un. Besoin d'un amour exclusif, total, qui ne me trahira pas et qui m'aimera moi, complètement, pour ce que je suis, malgré ce que je suis. Je veux un bébé pour aller mieux. Je rêve d'une petite fille aux yeux bleus qui saura me guérir.

J'occupe mes journées à traîner sur les forums Internet à la recherche d'informations sur la grossesse, le temps qu'il faut pour tomber enceinte, toutes ces choses qu'on demande à sa mère quand on en a une près de soi. Mais la mienne habite à plus de sept mille kilomètres et, de toutes manières, je n'ose pas aborder ces sujets avec elle. On n'a jamais eu ce genre de complicité, elle et moi. Évoquer les menstruations, les rapports sexuels, la nécessité de se protéger, ça n'était pas son fort. Quand j'ai eu mes premières règles, à treize ans, je me suis demandé ce qu'il m'arrivait. Je m'en souviens parfaitement : c'était du 9 au 11 août 1999, en plein pendant les vacances. et les baignades d'anthologie à la piscine du camping. Quand elle m'a expliqué, j'étais catastrophée : comment allais-je faire pour me baigner quand même ? Quelques années plus tard, ma mère m'a emmenée voir une gynécologue à

Bourg-en-Bresse pour qu'elle me prescrive la pilule, et puis c'était tout.

Je rêve d'avoir un bébé du printemps. J'essaye de calculer à quel moment je dois arrêter de prendre la pilule, je pose la question à des filles sur les forums. Certaines m'envoient balader, trouvant (à juste titre) ma question ridicule – quand on veut un enfant, on ne se soucie pas de sa date de naissance ! –, d'autres me font des réponses idiotes. Une fille affirme que le délai moyen avant de tomber enceinte est d'un an. Un an, c'est long. J'arrête la pilule en avril, au moment où j'accompagne Fred à Montpellier pour les championnats de France. Histoire d'annoncer la couleur et d'éviter de répondre aux questions inutiles, j'ai enfilé un tee-shirt sur lequel est inscrit en gros « Non, je ne regrette rien. » Rien de rien.

J'achète des tests d'ovulation dernier cri pour déterminer les moments où je suis la plus féconde. Je ne pense plus qu'à ça. Comme si ce projet était ma planche de salut. Je tombe enceinte en juillet. Et je suis folle de joie. Fred aussi. À peine apprend-on la nouvelle que l'on doit rentrer en France : Fred nage aux championnats du monde de Rome, à la fin juillet. Pendant qu'il suit ses stages préparatoires, je rentre passer quelques jours chez mes parents, à Loyes. J'ai conscience que je devrais attendre, que ça ne se dit pas si vite, mais je veux annoncer la nouvelle à ma mère. Je sais qu'au moment jugé opportun, à deux ou trois mois de grossesse, je ne serai pas physiquement avec elle, près d'elle, pour lire l'émotion dans ses yeux et pouvoir la serrer dans mes bras. Je l'emmène à Lyon, chez le meilleur chocolatier de la ville, dont elle aime les bouchées fondantes et caçaotées. Je crois qu'elle a déjà compris, comme mes frères d'ailleurs. Quelque chose doit se lire sur mon visage, une lumière, un bonheur qu'ils n'avaient pas vus depuis longtemps illuminer mes traits. Ma mère est très heureuse, et son bonheur de me savoir bientôt mère à mon tour me bouleverse.

Quelques jours plus tard, je me rends à Rome, pour voir Fred nager aux championnats du monde. Florent m'accompagne. C'est vraiment la *dolce vita*, des vacances parmi les plus belles de ma vie. On passe une semaine inoubliable, à jouer les touristes dans la ville éternelle par 40 °C. J'aime la chaleur, le soleil, me balader dans les rues écrasées de lumière, partir en virée sur les scooters qu'on a loués, Flo et moi, pour nous promener sur les pavés, le long du Tibre, dans le quartier populaire du Trastevere ou par les ruelles qui bordent le Colisée. Rome est sublime et j'adore prendre mon temps, profiter des terrasses de café, regarder les finales sur les gradins du bassin découvert d'où je peux, pour la première fois de ma vie, suivre les courses et encourager les nageurs. D'habitude, je suis à leur place. Mais cette fois, je peux profiter du spectacle, encourager mon amoureux, admirer les nageurs américains et australiens, donner de la voix à mon tour. Fred, qui est reparti de Pékin avec une médaille d'argent au relais, figure parmi les favoris de la compétition : il détient deux records du monde sur le cent mètres et le cinquante mètres nage libre, et il est au meilleur de sa forme. Je suis tellement fière de lui. Face aux meilleurs nageurs de la planète – Michael Phelps, César Cielo, Alain Bernard… –, il gagne deux fois le bronze et une médaille d'argent, un beau palmarès. Je suis même allée voir Federica Pellegrini décrocher deux records du monde, sur le deux cents et le quatre cents mètres nage libre, ma distance fétiche, celle sur laquelle elle vient de passer sous la barre symbolique des 4 minutes à 3 minutes 59 secondes et 15 centièmes (marque qui tient encore aujourd'hui). Ça ne me fait rien. Je n'ai pas envie de penser à ma carrière. C'est même le cadet de mes soucis.

Il est hors de question que je n'accouche pas en France. À trois mois et demi de grossesse, je rentre pour m'installer à Marseille. Nous commençons par louer un appartement puis, alors que je suis enceinte de huit mois, nous décidons de nous installer dans une maison, que je choisis sur deux critères essentiels à mes yeux : je veux un jardin et, bien sûr, une piscine. Je veux pouvoir offrir un jardin à mon enfant, un endroit où il pourra courir, jouer, profiter de l'extérieur comme mes frères et moi avons eu la chance de le faire à Loyes. La différence, c'est que moi je ne pourrais pas vivre à la campagne. J'ai besoin que ça bouge autour de moi, j'aime l'énergie de la ville. Ma maison est une belle demeure moderne, fonctionnelle, pleine de lumière, dans laquelle je me sens bien.

Ma grossesse se passe très bien mais, depuis le septième mois, j'ai dû lever le pied sur les sucreries : je fais du diabète gestationnel. J'ai arrêté tout sport depuis le mois de janvier. Et moi qui ai toujours eu un bon coup de fourchette, je ne change rien à mes habitudes alimentaires, aussi, de mois en mois, ma silhouette s'arrondit au point que lorsque ma gynécologue me fait grimper sur la balance, je triche sur le nombre qui s'affiche. Je prends beaucoup de poids. Trop. Après vingt kilos, je cesse de me peser, mais j'ai dû finir ma grossesse avec vingt-deux ou vingt-trois kilos de plus. Finalement, je n'avais pas besoin d'une opération de la poitrine : je me retrouve avec un bonnet E ! Je n'aurais jamais cru que le corps pouvait changer autant. J'en perds totalement le contrôle. J'ai hâte d'accoucher. Je me sens énorme, une vraie baleine ! J'ai pris trois tailles de soutien-gorge, je n'arrive plus à dormir. J'espère faire venir le bébé plus vite en déballant les cartons du déménagement, en faisant frénétiquement les vitres. J'ai tellement hâte de découvrir le visage de mon enfant !

On a mis des mois à choisir le prénom. J'avais envie de sonorités des îles, un prénom original et exotique, plein de voyelles, quelque chose comme Minoa, même si ça n'existe pas. Finalement, on se met d'accord sur Manon, trois semaines avant sa naissance. Je pense à mon père, qui aime beaucoup ce prénom à cause de Marcel Pagnol et de *Manon des sources*. Je me dis qu'il sera sûrement très heureux d'être le grand-père d'une petite Manon. Et puis, c'est un prénom parfait pour une petite Marseillaise !

Toute mon agitation ménagère se révèle vaine, et je parviens finalement au terme de ma grossesse. L'équipe médicale décide de déclencher mon accouchement. Comme toutes les futures mamans, j'espère et j'appréhende ce moment où je vais donner la vie. J'ai peur d'avoir mal, bien sûr et, moi qui déteste les piqûres, je redoute la grosse aiguille de la péridurale. J'entre à la clinique à 6 heures du matin, très stressée. Heureusement, Nadine, la sage-femme qui m'a préparée à l'accouchement, a pu se libérer pour m'accompagner tout au long de cette journée exceptionnelle. J'ai choisi ma clinique pour pouvoir être accouchée par la gynécologue qui m'a suivie durant ma grossesse. J'ai besoin de me sentir en confiance, entre les mains de gens que je connais. C'est d'autant plus important lorsqu'on est un peu célèbre, et qu'on n'a pas envie qu'un inconnu indélicat prenne discrètement des photos pour les vendre à la presse people.

Le travail dure très longtemps. Fred, qui était parti s'entraîner après m'avoir déposée le matin, n'a pas pu tenir : il a interrompu sa séance pour revenir bien vite auprès de moi et tenir ma main dans la sienne. Je crois que mon entraînement de sportive, le fait de savoir respirer, me calmer, m'aident à gérer la douleur jusqu'à ce qu'on m'administre enfin la péridurale, à 16 heures. Le soulagement est instantané, miraculeux. C'est tellement long… Je pousse une heure, épuisée, affamée. La péridurale ne fait plus effet et je serre les dents pour ne pas hurler en salle de naissance. Finalement, à 23 h 58, le 2 avril 2010, Manon arrive. Fred est soulagé : pour une obscure raison que j'ai oubliée depuis, il ne voulait pas que sa fille naisse le 3. C'est lui qui la sort. Elle est toute belle, toute propre, et pèse trois kilos et huit cents grammes. Elle se met tout de suite à ramper sur mon ventre, comme un petit lézard déterminé, pour venir chercher le sein. Je trouve miraculeux ce moment où la douleur s'arrête net, comme par magie, pour laisser place à l'émerveillement de cette rencontre.

Avant la naissance, j'avais des angoisses : peur qu'on échange mon bébé contre un autre sans que je m'en rende compte ; peur d'être incapable de la reconnaître ; peur de ne pas la trouver jolie. En quelques secondes, tout est balayé : ma fille est une merveille, et il est impossible d'oublier son visage et de la confondre avec une autre. Je suis submergée de bonheur, bouleversée comme je ne l'ai jamais été auparavant. La fatigue et la joie se mêlent en un tourbillon d'émotions qui me tient éveillée tard dans la nuit. Mon bébé est là, près de moi. Je l'entends respirer doucement. Je tends le bras pour caresser sa joue, le bout de ses doigts minuscules et griffus qu'il faudra couvrir de moufles pour qu'elle ne s'abîme pas le visage.

Mon bébé.

Ma fille.

Je me sens aussi un peu perdue : je veux allaiter Manon, mais comment faire ? Personne ne m'a expliqué comment m'y prendre, et c'est beaucoup moins évident qu'il n'y paraît. Il ne suffit pas de laisser faire la nature. Faute de conseils, je laisse Manon téter pendant des heures, à en avoir les seins dans un piteux état ! J'ai tout à apprendre. Une fois de plus, je regrette de ne pas avoir ma mère à mes côtés pour me transmettre ce qu'elle sait et me guider dans mes premiers pas de maman.

Après quatre nuits à la maternité, je suis heureuse et soulagée de pouvoir rentrer chez moi, loin des téléobjectifs des photographes qui planquent dans l'immeuble d'en face et qui m'obligent à garder mes stores baissés en permanence. Comment peut-on traquer comme ça une femme qui vient d'accoucher ? Comment peut-on vouloir voler un moment aussi intime, privé et personnel ? J'ai pris vingt kilos, je suis loin de me sentir à mon avantage et il me semble que personne n'a besoin de connaître le visage de mon bébé. Nous quittons la clinique à 6 heures du matin pour être certains d'échapper aux photographes. Je retrouve ma maison, mon jardin, ma chambre. Je fais visiter sa maison à Manon, la présente à Canelle, ma petite chienne. Je vais passer l'été chez moi, en famille, dans mon jardin, au bord de ma piscine, retranchée dans mon petit monde, à l'abri des regards indiscrets. Je voudrais pouvoir sortir ma fille, promener mon enfant dans sa poussette le long de la corniche, mais je crains le regard des gens. Je suis devenue parano, j'ai peur qu'ils me trouvent grosse, que ma silhouette alourdie se retrouve à la une des magazines people. Les marques d'affection ne viennent pas toujours de qui on les attend. Federica Pellegrini, de qui je m'étais rapprochée après mon retrait des bassins, m'envoie un cadeau de naissance pour Manon. Son geste m'a beaucoup touchée.

Malgré des débuts chaotiques, je décide de continuer à allaiter Manon. Comme beaucoup de bébés, elle pleure énormément la nuit, se tortillant de douleur à cause de son petit ventre qui la fait souffrir. J'essaye tout. Je bois des tisanes au goût infect, tente l'homéopathie et toutes sortes de remèdes pour augmenter la lactation. Rien n'y fait. Au bout de trois mois, épuisée, je comprends que je manque de lait et je passe au biberon. Le mode d'emploi n'est pas livré avec l'enfant : souvent je tâtonne, je cherche, je me trompe mais, à la fin, j'y arrive. J'adore mon nouveau métier de maman même si, question épuisement, il rivalise avec celui de nageuse.

J'organise ma vie avec Manon. Une vie simple, calme, qui me réconcilie avec moi-même. En découvrant ma fille, je me redécouvre. J'apprends que je suis patiente, attentive, à l'écoute de ses gazouillis comme de ses pleurs, de sa fatigue comme de ses sourires. Pendant ces quelques mois, je ne veux rien louper de ses découvertes, de ses progrès, de ses chagrins si elle en a. Je veux être là pour elle, à tout moment.

Plus ça va, plus on est collées, elle et moi. Je voudrais la protéger de toutes les peines que j'ai eues, enfant. Petite, je n'avais pas beaucoup de copines. J'aimerais qu'elle ait la force de s'imposer, qu'elle sache se faire plein d'amies, comme ça, sans effort. Je voudrais qu'elle soit moins timide que moi, plus bavarde. Qu'elle ne reproduise pas ce que j'ai vécu avec les autres. Je voudrais qu'elle ne se sente jamais seule. J'ai tellement peur qu'elle se laisse embêter à l'école, qu'elle ne sache pas se défendre... Elle est très réservée, elle a du mal à s'imposer. Elle est grande mais toute fine, fragile, un peu chochotte et pleurnicheuse, et j'ai toujours peur que les autres enfants lui fassent du mal.

J'ai une relation fusionnelle avec ma fille. Depuis sa naissance, je me rends compte à quel point ma mère et moi n'avons pas été proches. Elle ne disait jamais « je t'aime ». C'est moi qui lui ai appris à le dire, lorsque j'étais enceinte de Manon et que j'avais besoin de ça, de son affection mais aussi de ses mots.

Parce qu'elle a reçu une éducation sévère, ma mère a du mal à exprimer son amour, sa tendresse.

Elle est un peu sauvage, très stricte, comme l'a été sa mère. Elle reproduit l'éducation qu'elle a eue. Une éducation où l'on ne fait pas de câlin, où l'on se tient droit, où l'on finit son assiette. Elle n'a jamais reçu de tendresse, elle est mal à l'aise pour en prodiguer. Et moi, qui suis très tactile avec ma fille, je me sens gauche quand ma mère tente désormais de sortir de sa réserve pour me prendre dans ses bras, alors que ça m'a tellement manqué. Je ne sais toujours pas lui faire un câlin, je suis gênée, ça me semble… incongru.

Chez mes parents, il y avait de l'amour, bien sûr, mais il s'exprimait rarement. Autrefois, ils s'embrassaient le soir en rentrant. Puis ils ont cessé de le faire. Je ne me souviens pas de les avoir jamais vus se promener main dans la main.

Plus le temps passe, plus je me rapproche de mes parents. J'ose leur dire ce que je ressens pour eux et, du coup, ils osent à leur tour. Durant ma grossesse, alors que j'étais loin d'eux, j'ai commencé à leur envoyer des messages, à eux et à mes frères. Je leur écrivais que je les aimais, qu'ils me manquaient, que j'avais envie et besoin de les prendre dans mes bras. Ça a débloqué beaucoup de choses, même si la pudeur reste et qu'on a du mal à prononcer ces mots à voix haute. L'écrire, c'est déjà tellement mieux que rien !

S'ils ne sont pas démonstratifs, je les sais bienveillants, attentifs. Comme mon frère Florent déteste la paperasse, c'est ma mère qui remplit pour lui, chaque jour, les *location forms*, ces formulaires qui permettent de localiser un athlète en cas de contrôle inopiné. Ça lui donne l'occasion, l'air de rien, de lui téléphoner chaque jour pour savoir où il va, ce qu'il fait. Je trouve ça mignon, touchant. Flo, c'est son dernier, son bébé, même s'il mesure presque deux mètres, pèse cent kilos et chausse du 46.

Moi qui suis loin d'être une fille exemplaire, je n'ai pas toujours su décoder la manière dont mes parents me montraient qu'ils m'aimaient. Adolescente, j'avais honte de ma mère, qui sifflait et criait si fort dans les compétitions. J'avais l'impression qu'elle était la seule à hurler de cette manière, que tout le monde avait les yeux braqués sur moi à cause d'elle, et je détestais ça. Avec Nicolas, on se regardait et on rentrait la tête dans les épaules pour ne pas l'entendre, pour que personne ne se rende compte que la folle qui hurlait nos prénoms, c'était notre mère. Mais, dans le grand blanc qui précédait le départ, il y avait immanquablement ce cri qui déchirait le silence : « Allez Laure ! » et qui me mortifiait.

Plus tard, j'ai compris ce qu'elle vivait lorsqu'elle nous regardait nager. Combien c'était intense et important pour elle, à quel point ça lui jaillissait du cœur, comme un cri d'amour. Pour elle, notre succès justifiait toutes les années passées à faire la navette entre l'école, la maison et la piscine, tous les dimanches assis au bord des bassins à serrer les poings en espérant une victoire, en priant pour qu'on ne boive pas la tasse, les choix qu'ils avaient faits, mon père et elle, en espérant si fort ne pas s'être trompés. Alors ces encouragements, c'est son cri de joie, son moment d'exultation. Elle ne se contrôle plus, ne s'appartient plus. Elle est avec nous, dans le bassin, elle veut que sa voix nous accompagne et nous transporte, elle voudrait nous porter jusqu'au bout.

Un jour – je devais avoir quinze ans – j'en ai eu assez. Je m'en souviens comme si c'était hier. Je m'entraînais déjà à Melun, je ne voyais mes parents que le week-end. Cette fois-là, ils avaient fait quatre heures de route pour venir de Loyes me voir nager lors d'un meeting en région parisienne. Comme à son habitude, ma mère hurlait, sifflait. Je n'en pouvais plus. Je faisais la gueule, jusqu'au moment où j'ai explosé : je lui ai dit d'arrêter, qu'elle était folle, qu'on n'entendait qu'elle, qu'elle me faisait honte. Quand j'y repense, c'est de moi que j'ai honte. On s'est disputées. Mes parents sont montés dans leur voiture et ils sont rentrés le soir même, sans un mot. Après ça, elle s'est un peu calmée. Depuis que je vais voir Florent nager, j'ai compris pourquoi ma mère hurle tant au bord des bassins. Moi aussi, je l'encourage à m'en casser la voix. Si ma fille devait m'infliger ça, cette tension, ce suspense atroce, je crois bien que j'en ferais une crise cardiaque !

Je m'en veux de toutes les circonstances où j'ai fait de la peine à ma mère. Comme cette fois, après la naissance de Manon. Elle gardait ma fille chez nous, à Marseille, et Fred s'agaçait que, contrairement à sa propre mère, la mienne ne soit pas une fée du logis. Il faut dire que Dany, la mère de Fred, est toute dévouée à son fils, et qu'elle était véritablement aux petits soins pour nous. Elle nous déchargeait entièrement des corvées domestiques, de sorte que tout était toujours parfaitement propre et bien rangé. Ma mère ne voyait pas les choses comme ça. Elle venait s'occuper de Manon, pas jouer les gouvernantes ou les femmes de ménage. Elle ne rangeait pas la maison, ne sortait pas le linge de la machine ni ne préparait le dîner du soir. Elle n'était pas à notre service. Fred ne comprenait pas, et j'en voulais à ma mère de créer ce conflit entre nous. Nous nous sommes disputées, au point de ne plus nous parler pendant six mois.

J'ai fini par lui demander si elle m'avait vraiment désirée. Je suis née un an jour pour jour après mon grand frère, et il me semblait que ce genre de chose arrive par accident. Elle m'a répondu par une longue lettre, pour me raconter toute sa vie, de sa rencontre avec mon père jusqu'à aujourd'hui. Elle m'a parlé de cette fameuse partie de badminton sur la plage où, jeunes et amoureux, ils se renvoyaient le volant, lui déclarant qu'il voulait des enfants, elle répondant qu'elle n'en voulait pas. Elle avait vingt ans, et il avait su la faire changer d'avis. Bien sûr qu'elle m'avait désirée, attendue, couvée, aimée. J'étais sa fille, je savais bien, maintenant que j'en avais une, ce que ça pouvait signifier pour elle. Ma mère si pudique s'était fait violence pour m'écrire toutes ces choses intimes et personnelles. Ça m'a bouleversée.

Ma mère, j'ai envie de la prendre sous mon aile, pour l'aider à traverser les moments difficiles. De lui rendre tout ce qu'elle nous a donné quand on était enfants et qu'on ne se rendait pas compte des sacrifices qu'elle faisait pour nous. De jouer, à mon tour, les protectrices bienveillantes. Je crois qu'elle n'a pas eu une vie très drôle. Elle n'a pas toujours été très heureuse, en partie par ma faute. Quand je suis partie en Italie, elle a plongé dans la dépression, souffert des pieds, dont elle a dû être opérée. Je la vois maintenant vouloir perdre du poids, mieux s'habiller. Elle est si jolie, ma mère. J'ai envie de la consoler de ses peines, de lui offrir de beaux moments, de jolies choses. Je voudrais lui donner des conseils, l'accompagner dans les boutiques, lui apprendre à se coiffer, se maquiller. Comme pour réparer ces complicités qu'on n'a pas eues, elle et moi, quand j'étais jeune fille. Je voudrais l'aider à se sentir mieux, plus légère, à profiter davantage de la vie. Elle n'a pratiquement pas d'amis, ou alors ceux de mon père. Depuis quelque temps, elle recommence à sortir, à nouer des relations. Elle s'est remise au sport, elle va à l'aquagym, où elle se fait des copines. Elle a arrêté de travailler comme nounou en 2007 à cause de ses problèmes de santé. Elle a dû être très seule.

Je comprends aussi ce que ça signifiait, de laisser partir son enfant pour qu'il ait une chance de réussir dans sa passion. Il faut en avoir, du courage. Je ne suis pas sûre que j'en serais capable. Laisser partir Manon, ça me semble tellement insurmontable.

*
* *

Nous repartons pour les États-Unis à la mi-octobre 2010. Quelques semaines plus tôt, nous avons été victimes d'un cambriolage : en pleine nuit, des voleurs se sont introduits chez nous et ont emporté nos affaires alors que nous dormions juste à côté. Sacs, ordinateur portable, clé de voiture… Tout s'est envolé, mais je suis moins choquée par la disparition de ces objets que par l'idée qu'un intrus s'est approché de ma fille endormie, et que je n'ai rien entendu. Canelle non plus, qui n'a même pas aboyé. Tu parles d'un chien de garde !

Je suis soulagée de retourner là-bas. À Auburn, en retrouvant le campus aux bâtiments de brique rouge, les rues calmes et tranquilles, l'anonymat de cette ville provinciale et paisible, je peux souffler à nouveau. J'aime l'idée que Manon commence sa vie ici. Aux États-Unis, tout est conçu pour les petits. Il y a des parcs, des aires de jeux partout, des chaises hautes dans tous les restaurants. Les enfants sont vraiment les rois. Je commence à prendre des cours d'anglais, je m'inscris dans une salle de sport – où j'ai dû mettre les pieds deux fois en tout et pour tout.

La maternité me donne une confiance nouvelle. Mère, je me sens respectable et respectée. Réparée. Guérie. Comme si ce nouveau statut formait une armure invisible. Pour la première fois, j'ai envie de retourner à l'eau. Pour perdre les kilos accumulés pendant ma grossesse et qui ne se décident pas à partir. Et pour revenir à l'assaut des bassins. Je sais ce qu'on dit de moi : que je suis finie, que je ne reviendrai jamais. Que c'est trop tard, parce que mon corps a changé, parce que les autres ne m'ont pas attendue pour progresser. L'envie de montrer à tout le monde de quoi je suis capable commence à me picoter vraiment.

– 11 –

Retour

J'ai toujours eu l'illusion de maîtriser mon corps. Je nageais vite, je mangeais n'importe quoi, j'avais des atouts qui me laissaient croire que tout serait toujours facile – au moins de ce côté-là. Mais, pour la première fois de ma vie, mon corps me résiste. La grossesse l'a ramolli, rembourré, et j'ai du mal à enfiler mon petit maillot de bain trop étroit. J'en pleurerais.

Avant de quitter Marseille, j'ai fait retirer mes implants mammaires. Impossible de les garder si je veux reprendre l'entraînement et la compétition : les combis serrent trop. Les retirer, c'est aussi faire la preuve de ma détermination, me prouver à moi et aux autres que je suis de retour, pour de bon. Mentalement, c'est important pour moi.

Fin septembre 2010, je reprends le chemin des bassins sous la houlette de Brett Hawke, le coach australien qui entraîne aussi Fred. J'avais croisé Brett à Athènes, où il avait fini quatrième du cinquante mètres nage libre, du temps où il nageait contre Fred avant de l'entraîner. J'aimerais bien recommencer tranquillement, pépère, sans forcer. Mais Brett refuse. Il sait que ça sera plus difficile et plus long si j'y vais mollo. Pour que ça marche, il faut que je recommence très vite, très fort. Je dois suivre le même rythme que les autres, un programme d'enfer, alors que je n'ai pas nagé du tout depuis plus d'un an et demi. Sur le coup, je crois que je n'y arriverai jamais. Mais Brett ne me donne pas le choix. Il ne cède pas, malgré mes larmes. Il prend l'ascendant, et c'est ce dont j'ai besoin.

Je me trouve énorme, avec mes dix kilos de trop, dans mon minuscule morceau de Lycra qui me boudine. Les filles de l'équipe universitaire d'Auburn sont toutes plus jeunes, plus minces et plus athlétiques que moi – et en plus elles parlent anglais, elles. J'ai beau prendre des leçons, entre l'accent australien de Brett et les termes techniques qu'on ne m'enseigne pas en cours, j'ai du mal à suivre. Alors je reste collée à Fred, comme un poisson pilote. Je me sens comme la gamine qui débarque dans une nouvelle école, sans connaître personne, et qui se sent mal parce qu'elle se trouve grosse, moche et nulle. Jusqu'à ce qu'une fille m'interpelle gentiment : « Et toi, c'est quoi ta spécialité ? » Je réalise alors qu'elles ne me connaissent pas, moi, la championne olympique, et surtout qu'elles se fichent bien de qui je suis. Elles posent sur moi un regard bienveillant, comme je n'en ai encore jamais rencontré en France. Je suis trop contente ! Disparue, Laure Manaudou, ancienne star des bassins, dix kilos à perdre, qui reprend laborieusement l'entraînement, au bord de la suffocation, en essayant de retrouver ses sensations d'avant. Je suis anonyme et neuve. Tout peut recommencer. Ça n'est quand même pas si simple. Je trouve ça dur, je galère. Je pleure tous les jours dans mes lunettes de piscine, de rage, de douleur.

Quand on s'arrête de nager, il faut écrire une lettre aux instances de la natation pour ne plus être soumis aux contrôles inopinés. Et quand on reprend la compétition, il faut également l'annoncer, car on doit alors observer un délai de carence de neuf mois. Il faut que je calcule bien mon coup pour ne pas louper les grands rendez-vous de la saison, les sélections du printemps qui me mèneront aux compétitions de l'été. Je vise les jeux Olympiques de Londres, en août 2012. Pour cela, il me faut revenir au plus haut niveau. J'ai un an et demi devant moi avant les championnats de France qualificatifs, en mars 2012. À l'annonce que je reprends la natation, personne n'y croit. On dit que je n'y arriverai pas, qu'après un bébé, ça sera impossible de revenir. Mais j'ai la rage de leur montrer qu'ils ont tort. Quand on me dit des choses négatives, je suis capable de tout pour prouver le contraire. C'est vrai, je vais mettre un an et demi à retrouver mon corps d'avant. Mais je vais y arriver.

Avant Dunkerque, je subis plusieurs contrôles antidopage. Chaque jour, on doit signaler nos déplacements précisément pour être localisables facilement si on veut nous contrôler. J'en ai perdu l'habitude. J'en loupe deux : je me trompe dans un horaire, un autre jour j'oublie et je pars déjeuner au restaurant. Je ne peux pas me permettre d'en rater un troisième, sinon ça sera la suspension. Et être suspendue pour ça, c'est déjà très suspect.

Je suis pour les contrôles, bien sûr. Mais quand Fabrice Pellerin, l'entraîneur de Nice, dénonce la nullité des préleveurs qui effectuent les prises de sang, je suis entièrement d'accord avec lui. À Pékin, les contrôles étaient réalisés par des infirmières et des médecins visiblement incapables de faire correctement une prise de sang. Ils ne savaient pas trouver la veine, étaient obligés de s'y reprendre à plusieurs fois, et on finissait avec le bras endolori, couvert de bleus énormes. En plus, je déteste les piqûres et j'ai horreur du sang… Alain Bernard était passé avant moi, ils avaient mis vingt minutes à lui faire sa prise de sang ;

il m'a raconté qu'ils avaient planté et replanté l'aiguille dans tous les sens. J'y étais passée aussi, et ça n'avait pas loupé. Et malheureusement, la compétence des gens qui piquent n'est pas un problème spécifiquement chinois ! Je me souviens d'un meeting EDF où Camille Muffat avait dû renoncer à nager, tant elle avait d'énormes bleus aux deux bras. Exiger que les prélèvements soient bien effectués, par des personnes compétentes, c'est quand même la moindre des choses ! Moi, je demande toujours à pouvoir m'allonger, je redoute vraiment les aiguilles. Et quand on se fait piquer à 6 heures du matin avant d'aller nager, on n'a pas tellement envie que ce soit par des amateurs.

Comme je l'ai beaucoup dit et répété, j'avais envie de changer de technique d'entraînement, d'essayer les méthodes anglo-saxonnes qui faisaient des États-Unis et de l'Australie les deux plus grandes nations de la natation. Là-bas, l'entraînement est moins axé sur la quantité – façon Philippe Lucas – que sur la qualité. Nager quatre kilomètres plutôt que huit, mais les nager bien. Ça me plaît, bien sûr, parce que je nage moins ! C'est moins fatigant.

J'aime surtout l'esprit d'équipe qui règne entre les nageurs. Nous sommes une cinquantaine, vingt-cinq filles et autant de garçons. Tout le monde s'encourage, se donne des conseils, se soutient.

On nage les uns avec les autres, pour progresser ensemble. Pas question de laisser quelqu'un couler au fond du bassin.

Au bout de quelques semaines, Fred pense que je dois apprendre à me débrouiller seule. Il part s'entraîner dans la ligne d'eau opposée. Au début, je panique. Puis je me fais une copine, Christine, qui m'aide beaucoup. Ensemble, on passe tellement de temps à rire que, finalement, Brett nous sépare aussi. Une fois de plus, je suis le cancre des entraînements. Je sais depuis longtemps que je suis difficile à faire travailler. Il en faut, de la patience, pour supporter mon côté couleuvre et dissipée. Seuls deux coaches sont vraiment parvenus à surmonter mon manque d'engagement à l'entraînement : Philippe et Brett. Avec tous les autres, ma flemme a pris le dessus. Mon frère Florent est aussi comme ça. Tous les deux, on n'arrive pas à se dire qu'en bossant vraiment, à fond, on pourrait se surpasser, être les meilleurs. Si j'avais pu ne faire que les compétitions, j'aurais continué à nager. Naturellement, ça ne peut pas fonctionner comme ça !

Dany, la mère de Fred, vient s'installer avec nous. Nous louons deux jolies maisons en bois couleur vanille, posées côte à côte sur le campus, dans une résidence pour étudiants. Dany est la nounou idéale : aux petits soins pour Manon, elle s'occupe aussi de notre foyer pour nous permettre de partir nager à 6 heures du matin sans nous préoccuper des horaires ni des soucis domestiques. C'est une chance de l'avoir avec nous. Je partage ma vie entre les entraînements et ma fille, qui m'enchante chaque jour. Alors qu'elle marche à peine, elle s'échappe dans les rayons du supermarché et je la retrouve au bout de l'allée. Elle a treize mois. Elle est toute potelée, dodue et fondante, j'ai envie de la manger de baisers, je pourrais passer mes journées le nez dans sa nuque douce au parfum de lait et de brioche tiède. J'ai une vidéo d'elle où je lui dis que je l'aime, encore et encore, pour l'entendre à chaque fois me répondre : « Moi aussi, maman. » « Maman je t'aime », c'est la première chose qu'elle me dit quand elle se lève le matin. J'en suis folle, c'est comme une drogue dure.

Dans le bassin et en dehors, Fred m'épaule du mieux qu'il peut. Il veille sur moi comme le lait sur le feu. Il m'a connue au fond du gouffre, et s'il est heureux que j'aille mieux, il veut tenir la dépression en respect. Il sait par quoi je suis passée. Il sait aussi à quoi je m'expose. Reprendre la compétition, c'est courir le risque d'échouer, et de sombrer à nouveau. Il sait surtout que je n'ai fait que lever un coin du voile qui recouvre le vrai problème : ce que je ferai après, quand tout sera terminé et que la natation ne sera plus mon prétexte et mon excuse. En arrêtant, j'ai réalisé qu'il me restait une vie à vivre et que je n'avais aucune idée de ce que j'allais en faire ; en reprenant, je diffère le moment d'y réfléchir vraiment.

Je ne me rends pas compte à quel point ce poids supplémentaire sur les épaules de Fred l'empêche de se concentrer pleinement sur son entraînement. À quel point c'est difficile à vivre pour lui, qui espère aussi se qualifier pour ses quatrièmes jeux Olympiques après Sydney, Athènes et Pékin. Et, pourquoi pas, y décrocher une médaille en individuel, après l'argent du relais quatre fois cent mètres nage libre à Pékin.

Moi, je me sens bien, vraiment. Ironie du sort : pour mon retour à la compétition, je participe à un meeting à Athens, dans l'État de Géorgie aux États-Unis, le 14 juillet 2011. Loin des journalistes français, je me sens en sécurité, confiante – sous leur regard, je n'aurais pas eu le cran d'affronter la pression médiatique. Lors des séries, je bats mon record personnel sur le cinquante mètres nage libre, avant d'améliorer encore mon temps en finale et de finir deuxième sur une distance qui n'est pas ma spécialité. Je remporte le deux cents mètres nage libre, même si je reste loin de mon record du monde de 2007, battu ensuite par Federica Pellegrini. Quoi qu'il en soit, comparées à celles de mes compatriotes, mes performances à Athens m'auraient permis de figurer sur le podium des championnats de France en mars de cette année-là. De quoi envisager sereinement ma sélection pour les Jeux de Londres, au printemps suivant. Ça, je l'avais promis à Florent.

Quand on était gamins, mon petit frère et moi, on s'était juré d'aller un jour aux Jeux ensemble. Puis j'étais partie chez Lucas, j'avais eu ma vie et lui la sienne. Quand il m'a vue gagner à Athènes, tout minot qu'il était – treize ans à l'époque –, il s'est dit qu'il aimerait bien être à ma place. Lui aussi a toujours aimé gagner. Lui non plus n'est pas un foudre de guerre à l'entraînement. On a beaucoup de points communs, lui et moi. Mais il est plus zen, vraiment cool. On ne s'est jamais disputés, parce qu'on n'en a pas eu l'occasion mais surtout parce qu'il déteste les conflits. Il a même tendance à les fuir, quitte à ne pas mettre cartes sur table quand il le faut. Avec nos quatre ans d'écart, il a pu suivre ma carrière et apprendre de mes erreurs, pour essayer de ne pas les reproduire.

Tout en nageant, entraîné par Nicolas, Florent avait continué le lycée à Ambérieu. Il a été champion de France cadet en 2007 sur cinquante mètres nage libre, médaille d'or en petit bassin en 2009 puis 2010 sur le cent mètres quatre nages. Finalement, il a plaqué ses études à deux mois du bac. Il s'est engagé dans l'armée, pour intégrer l'équipe des nageurs de haut niveau et avoir l'assurance de trouver un métier après sa carrière sportive. En 2011, il s'est qualifié pour les championnats du monde de Shanghai, où il a terminé cinquième, juste derrière Fred. Entre-temps, il a pris la décision de quitter Ambérieu pour venir s'entraîner à Marseille, avec Romain Barnier. C'est dur pour Nicolas, comme si l'histoire se répétait : après moi, il perd Flo, qu'il a entraîné pendant six ans et porté au plus haut niveau. Il a du mal à le digérer, et c'est compréhensible. Mais Florent pense à notre pari, et pour espérer le gagner, il fallait qu'il intègre un club de haut niveau, avec les installations qui conviennent et une équipe de coaches performants.

Moi, je suis stressée pour lui. Marseille, c'est un groupe très masculin, avec beaucoup de fortes personnalités. Mais Florent s'intègre parfaitement et il commence à travailler, avec Romain et le préparateur physique du club, en vue des qualifications pour les Jeux.

*
* *

Dunkerque, mars 2012. Me revoilà. Pour la première fois depuis 2008, je m'apprête à nager une compétition en France. Nager pour gagner, cette fois. Pas question de rééditer l'humiliation de ma troisième place sur le quatre cents mètres, quatre ans plus tôt. En crawl, Coralie Balmy et Camille Muffat sont fortes. Trop fortes pour moi, qui me suis arrêtée longtemps. Mais en dos, je reste difficile à battre. Je m'aligne sur le cinquante, le cent et le deux cents mètres dos. Nous sommes trois nageuses à espérer gagner notre ticket pour Londres, Alexianne Castel, Cloé Crédeville et moi. Mais il n'y aura de la place que pour deux.

J'y vais en mode combat. Sur mes joues, j'ai tracé des traits couleur camouflage, comme si j'allais à la guerre. Sur le dos de mes mains, j'ai posé des décalcomanies à l'emblème du Cercle des nageurs de Marseille. Dans mes paumes : « Manon » et un gros cœur. Je ne me refais pas... Je n'ose même pas me poser la question de ce que je ferais si jamais j'échouais. Un léger doute m'effleure quand même. Philippe n'est pas là pour me mettre la pression, est-ce que je vais réussir ? Je ne laisse pas cette pensée s'installer dans mon esprit. Les autres nageuses ne m'ont pas attendue, mais je peux encore leur en remontrer. Je sais que tout le monde a les yeux rivés sur moi. Si j'ai peur, je ne le montre pas.

Je me jette dans la course. À Auburn, j'ai travaillé ma technique, mes virages. J'ai mal, je lutte, mais je sais que je peux le faire. Je remporte l'or sur les trois finales, et je suis qualifiée sur le cent et le deux cents mètres. Rendez-vous à Londres, en août.

Mais mon bonheur est loin d'être complet. Pour qu'il soit total, il faut que Fred et Florent se qualifient aussi. J'ai beau avoir mon ticket en poche avec des temps parmi les meilleurs de toute ma carrière, je suis terriblement stressée pour eux. Quand la finale du cinquante mètres nage libre de Fred et Flo arrive, je suis dans mes petits souliers. Pour les encourager, tous les nageurs de Marseille se sont alignés au bout du bassin. Ils scandent leurs deux noms. Ça va vite, un cinquante mètres en crawl. Même pas 22 secondes, et c'est terminé. J'ai les yeux rivés sur Fred. Flo, je sais qu'il va réussir : il est meilleur en crawl, tandis que Fred le domine en papillon. Il tient une forme olympique, c'est le cas de le dire. Il est jeune, neuf, il mesure presque deux mètres et il en veut. Fred a neuf ans de plus, onze centimètres de moins et, surtout, il m'a tellement soutenue qu'il s'en est oublié lui-même. Il termine quatrième, derrière Amaury Leveaux, Florent et Fabien Gilot.

Je rêvais d'aller au JO entre mon petit frère et mon amoureux. Au lieu de ça, la victoire a le goût amer de la déception. Je n'arrive pas à profiter de la qualification de Flo. Je ne peux pas vivre ce moment pleinement, apprécier cette pure joie, tant je sais que Fred est déçu. Florent non plus ne savoure pas l'instant. Il apprécie beaucoup Fred, c'est à la fois son beau-frère et son super pote. Fred l'a aidé, lui a donné des conseils, à l'américaine. Là-bas, on partage ce qu'on sait avec les autres, on leur fait profiter de son expérience, on les encourage. Frédérick a expliqué à Florent que pour nager plus vite, il devait garder les bras tendus. Il l'a aidé à améliorer ses mouvements, sans penser qu'il lui passerait devant aussi vite. J'ai envie de courir vers lui, de le prendre dans mes bras pour le consoler, mais je me retiens. Je sais que, dans ces moments-là, on a besoin d'être seul, tranquille. À sa place, j'aurais jeté l'éponge et interrompu ma saison. Mais Fred est pro, fort comme personne. Il relève la tête immédiatement. S'il ne peut pas aller à Londres, il ira aux championnats d'Europe de Debrecen, pour lesquels il s'est qualifié. Il a raison : il en repartira avec deux médailles d'or – dont une pour le cinquante mètres nage libre – et une d'argent en papillon.

Nous rentrons à Auburn, moi pour préparer mes Jeux, Fred pour peaufiner son entraînement pour le rendez-vous de Debrecen. Au vu de mes performances et de ma marge de progression, je sais déjà que je ne pourrai pas concurrencer les Missy Franklin, Emily Seebohm, Aya Terakawa, Elizabeth Beisel, et Anastasia Zueva. Elles nagent comme des fusées. Je n'aurai pas le temps de progresser suffisamment pour les inquiéter. Alors je me repose sur mes lauriers. L'essentiel est fait : je me suis prouvé que je pouvais encore y arriver et revenir à mon meilleur niveau. Ça me suffit. J'ai l'intention de profiter pleinement de ces Jeux, comme je ne l'ai fait ni à Athènes ni à Pékin. Je veux pouvoir marcher dans le village olympique, comme une touriste, sans me préoccuper de l'état de mes jambes. J'y vais pour voir Florent gagner.

*
*   *

À Londres, le village est un quartier entier sorti de terre et destiné à durer, que traverse une rivière enjambée de ponts, en lisière de la ville. Les installations sont superbes et gigantesques, disséminées dans un grand parc. Le centre nautique ressemble à une sorte d'oiseau gigantesque, avec une voile blanche en lévitation sur le bassin et les gradins.

Je sais que je ne gagnerai rien. Les premières du monde sont inaccessibles, pourquoi se raconter des histoires ? Et à quoi bon aller en finale, si c'est pour terminer huitième ? Et pourtant, cette fois, mon humeur n'a rien à voir avec celle de Pékin. Je suis euphorique. J'ai toujours su que je reviendrais, malgré les critiques et les médisances. Je suis là, j'ai rempli le contrat que je m'étais fixé. On m'a offert d'être le porte-drapeau de la délégation française, mais j'ai décliné pour éviter cette fatigue inutile. Je n'assiste pas à la cérémonie, une fois de plus, car les nageurs n'y vont jamais. Je dois nager quand même, et dès le lendemain. À Londres, l'équipe de France est soudée comme jamais. Nous sommes tous contents d'être là, et surtout contents les uns pour les autres. Depuis mon aventure américaine, j'apprécie cet état d'esprit, le fait de ne pas se sentir isolé malgré la concentration, de se montrer solidaire d'une équipe. Les résultats excellents des nageurs français donnent confiance à tous, il y a de l'émulation, de la motivation. On a envie d'y arriver tous ensemble. Muffat, Balmy, Farrell, Agnel, Leveaux, Stravius, Lacourt, Bernard, Lefert… et Florent ! On n'a jamais eu une équipe pareille. Cette génération a accepté d'augmenter sa charge de travail, et ça paye. Le niveau n'a jamais été aussi élevé, peut-être grâce à des gens comme Philippe ou Fabrice Pellerin, à Nice, qui travaille un peu selon les mêmes méthodes. Chaque club a les siennes.

Je sais que ce seront mes derniers Jeux. Qu'après ça, il n'y en aura plus. Je me dis qu'il faut que j'en profite, pleinement, complètement. Je ne dépasse pas les séries. Je finis vingt-deuxième au cent mètres dos et trentième au deux cents mètres dos. Si je ne suis pas la meilleure, autant être la pire, histoire de bien montrer que je n'ai même pas vraiment tenté de lutter. Une légère pointe d'orgueil, sans doute… On me le reproche, bien sûr. Mais je n'ai rien à prouver à personne, si ce n'est à moi-même. J'avais besoin de réparer la blessure de Pékin, c'est fait. Je suis en paix.

Je me rends compte que j'ai davantage besoin de Flo qu'il n'a besoin de moi. Je suis encore fragile, parfois un peu paumée. J'ai du mal à encaisser l'agressivité de certains journalistes, qui me demandent ce que je fais là et pourquoi je ne suis pas restée chez moi. Qui me reprochent de ne rien tenter, de faire le service minimum. On dit que j'aurais mieux fait de laisser ma place à une autre. On dit tout et n'importe quoi : à Dunkerque, j'ai été la meilleure, j'ai gagné mon ticket et j'en fais ce que je veux. Ma victoire ce jour-là, je ne l'ai volée à personne. Si une autre avait dû se qualifier à ma place, elle l'aurait fait. Et ça n'a pas été le cas. C'est la loi du sport, elle est dure et cruelle, j'en sais quelque chose.

Je suis là pour être avec mon frère. C'est la seule chose qui compte, et les critiques glissent sans m'atteindre vraiment – cette fois. Mes parents et Nicolas n'ont pas fait le voyage. D'abord parce que ça coûte horriblement cher, et qu'ils n'apprécieraient pas que je leur paye les places – ils n'aiment pas dépendre de nous. Et puis parce qu'ils ont peur de nous porter la poisse. Surtout, la tension est si forte, le suspense si intense qu'ils en sont physiquement malades. Mon père ne supporte plus d'être dans les gradins quand l'enjeu est si énorme. Il a peur que son cœur lâche ! Il préfère, et de loin, nous regarder de chez lui, tranquillement, avec quelques amis, une bonne bouteille et la télécommande à portée de main pour se repasser la course autant de fois qu'il le désire.

Moi, je suis venue voir Flo nager. Lorsqu'il se qualifie pour la demi-finale, je lui promets quelque chose : s'il gagne l'or, je lui ferai un cadeau. Je ne sais pas encore quoi mais, comme un gosse, il commence à négocier : « Si je suis sur le podium, d'accord ? » Mais je ne lâche pas : « Uniquement si tu as l'or. » L'argent, le bronze, c'est bien, mais ça reste un lot de consolation. Je veux qu'il gagne, je le veux plus que je ne l'ai jamais désiré pour moi-même.

Je ne sais pas si j'y suis pour quelque chose mais Flo a fait la course de sa vie. J'ai senti mon cœur s'envoler quand sa main a tapé le mur. J'étais hystérique, littéralement folle de joie, submergée de bonheur. Je lui ai sauté au cou, comme une dingue, pour l'embrasser. Mon petit frère… Aucune de mes victoires ne m'a procuré une telle émotion. Pour le cadeau, j'étais bien embêtée : j'avais lancé cette promesse et ensuite je me suis creusé la tête pendant des mois. Qu'est-ce que j'allais bien pouvoir lui offrir ? Une voiture ? Une moto ? J'y ai renoncé, pensant à son meilleur ami Valentin, son colocataire, son copain de toujours, qui s'est tué à deux-roues. Alors je lui ai offert… un baby-foot, ça au moins c'est inoffensif. Et à ce jeu-là aussi, il est difficile à battre.

Durant les trois jours qui ont suivi la fin des épreuves, j'ai fait la fête avec l'équipe de France, sillonnant bars et boîtes. On s'est lâchés comme jamais. Fred était heureux pour moi, pour Flo, mais je crois que c'était un peu dur pour lui de rester tout seul alors qu'on s'amusait ensemble à Londres avec l'équipe de France. Il savait combien ce genre de moment d'exultation peut rapprocher. Il gardait Manon, tandis que je m'éclatais en boîte. Quand Flo a gagné sa médaille, je n'ai pas osé l'appeler tout de suite. Je savais la blessure encore vive, je ne voulais pas retourner le couteau dans la plaie. En plus, pour la première fois depuis longtemps que Fred n'y participait pas, le relais quatre fois cent mètres avait gagné l'or. À Pékin, ils en étaient déjà capables, mais la fédération française avait décidé in extremis d'intervertir les places des nageurs. Ils avaient décidé que Fred nagerait en deuxième et Alain Bernard à la fin. Alain était leur chouchou, leur favori, parce qu'il s'entraînait dans un club fédéral, Antibes. Si le relais gagnait quelque chose, le dernier nageur était celui qui prenait le plus la lumière, et ça les arrangeait que ça soit Alain. L'équipe avait de très bonnes chances, mais la fédération a tout gâché en intervenant de cette manière. Les Américains nageaient dans la ligne d'eau à côté, ils se sont mis dans la vague des Français et leur sont passés devant à la fin. Fred et ses corelayeurs n'ont eu que l'argent, et il en a gardé une amertume.

Tout ça, c'était beaucoup. Je réalise aujourd'hui combien ça a dû être difficile pour lui, et combien il s'est sacrifié pour moi, prenant sur la qualité de son entraînement pour me protéger, m'aider. Ce moment de fête, je le lui dois. Car pour moi, c'était les JO de la joie. Je fêtais la fin de la pression, la fin de ma carrière sportive aussi, que je devinais proche.

– 12 –

ET MAINTENANT...

Voilà, c'est fait. C'est dit. Je me sens soulagée, allégée malgré le début de grossesse qui commence à galber ma silhouette. Ce 30 janvier 2013, sur le plateau du « Grand Journal » de Canal +, j'ai levé la main droite face aux caméras pour jurer devant tout le monde que je n'y reviendrais pas, plus jamais. Pour une fois, il n'y avait rien d'écrit sur ma paume. Machinalement, je caresse mon ventre qui s'arrondit depuis quelques semaines. Ça aussi, je l'ai dit à Michel Denisot : je suis enceinte de trois mois de mon deuxième enfant. Une page de ma vie se tourne. Une autre commence. Je suis heureuse, j'ai hâte de découvrir la vie des autres, comment on respire quand on ne passe pas son temps à compter les carreaux au fond de l'eau. J'ai peur, aussi. Qu'est-ce que je vais faire, maintenant ?

*
* *

Avant de raccrocher mon maillot, j'ai voulu m'offrir une ultime victoire. Nager devant le public français une dernière fois. C'était en novembre 2012, à Chartres, aux championnats d'Europe en petit bassin. Après les Jeux de Londres, Fred et moi étions rentrés définitivement des États-Unis pour nous installer à Marseille. Au Cercle des nageurs, je m'entraînais avec James Gibson, un ancien brasseur anglais, qui coachait le groupe auquel j'appartenais. Je voulais partir sur quelque chose de positif, un podium, ma dernière médaille d'or. Finir sur une belle performance, dont je sois fière. Je m'en savais capable. Mes parents étaient dans le public, avec Manon. Fred et Flo nageaient aussi. C'était parfait, idéal. Il n'était évidemment pas question de les décevoir, ni de décevoir le public venu me voir nager. J'avais rarement eu l'occasion de disputer des compétitions internationales en France. Je gardais le souvenir de Barcelone en 2003, la vibration de la foule espagnole scandant le nom de sa championne, portant sa nageuse jusqu'à la victoire, cette émotion puissante qui m'avait donné des frissons.

J'ai envie de crier au public que c'est la dernière fois. Je suis émue, mais je ne peux pas le dire. Et puis je dois rester concentrée. Les filles que j'affronte sont très fortes. C'est loin d'être une promenade de santé. Il y a là des Russes, des Ukrainiennes, des gamines de seize ans qui ont le feu et qui sont prêtes à tout donner. Elles me rappellent la Laure d'avant Athènes, la petite que j'étais il y a dix ans, qui pouvait manger n'importe quoi, enchaîner les courses, dormir à peine et recommencer le lendemain. Dans la chambre d'appel, elles me braquent de leur regard d'acier comme je le faisais avant elles, pour me dire qu'elles sont là, qu'elles ont faim et qu'elles peuvent me dévorer si elles le veulent. D'un coup d'œil, je calme les jeunes lionnes : la patronne, c'est encore moi.

Je finis deuxième du cent mètres dos, alors que je m'étais fixé comme objectif de l'emporter. Ma participation au relais mixte, que je pensais nager avec Flo et Fred, est annulée pour des raisons stratégiques. Je dois me concentrer sur le cinquante mètres dos, aller plus vite que les autres. Au coup de sifflet qui annonce le moment de sauter dans l'eau pour s'accrocher à la barre en attendant le départ, je suis comme toujours la dernière à m'exécuter, histoire de retarder cet instant où l'on se fait mal aux bras avant le départ. J'essaye de ne pas me laisser submerger par l'émotion. De rester concentrée. Cette victoire, il me la faut. Ce n'est plus une médaille parmi d'autres. C'est ma dernière minute de gloire.

La course passe en un éclair, un aller-retour et puis c'est fini. En 26 secondes et 78 centièmes, je gagne en pulvérisant mon record personnel et le record de France. Le public m'ovationne pendant deux minutes. Comme s'il savait. J'ai envie de dire : « Voilà, c'est ma dernière médaille d'or, mon dernier podium, et c'est pour vous. » Je suis à la fois submergée de joie et bouleversée par ce qui est en train de se passer. Après Londres, on m'a dit finie, dépassée, définitivement larguée. Mais c'est bien moi qui suis là, qui vient de gagner cet ultime titre en France, devant le public français, devant mes parents, ma fille, les hommes de ma vie.

Je m'apprête à monter sur le podium. Ma mère est là, Manon dans les bras, ma petite Manon de deux ans et demi avec ses bouclettes blondes, ses grands yeux bleu piscine, son petit pantalon rouge, sa marinière avec ce nœud papillon rigolo et ses fausses bretelles qui lui donnent un air de petit clown. Ma mère me tend ma fille, qui serre sa peluche grenouille dans son poing. Ensemble, on monte sur le podium. Dans mon ventre, le cœur d'un autre bébé a commencé de battre. En posant pour la photo, je pense que j'ai mes deux enfants avec moi. J'ai réussi à accomplir ce que je voulais. Tout est parfait. Sur les clichés, on me voit sourire, heureuse et épanouie, mais on devine aussi un voile imperceptible dans mon regard. Je suis contente du chemin parcouru. De ce que j'ai surmonté, aussi. Je profite de cet instant qui passe trop vite, puis je descends du podium. Voilà, c'est fini. L'émotion me serre un peu la gorge. J'essuie une larme avant qu'on puisse la voir rouler sur ma joue.

Si je ne dis rien, malgré les journalistes qui me pressent de questions, c'est parce que je ne veux pas attirer l'attention sur moi. Je me dois de respecter la compétition, les autres sportifs, de ne pas accaparer la presse, au risque d'éclipser les performances des nageurs qui sont là pour gagner un titre ou un record. J'adorerais dire que c'est ma dernière course, partager ce moment avec le public, mais je dois garder ça pour moi. Je diffère l'annonce de ma retraite. Je ne veux pas parasiter les courses. J'ai aussi envie de passer des fêtes de Noël tranquille, en famille.

J'ai à peine eu le temps de me réjouir du bébé à venir que je fais une fausse couche. Je suis bouleversée mais je n'ai pas le temps de laisser s'installer ma peine, car je retombe enceinte presque aussitôt, dès le mois suivant. La joie efface la tristesse, c'est le cycle de la vie. Et me voilà, fin janvier, annonçant sur le plateau du « Grand Journal » que je m'arrête et que j'attends un deuxième enfant. On me dit que je suis resplendissante, épanouie dans mon blouson de cuir rouge. J'ai éclairci la pointe de mes cheveux châtains d'un éclat blond. Je me sens bien.

*

* *

J'ai compris beaucoup de choses depuis quelques mois. J'ai pris la mesure de l'affection que les gens me portent. Je ne m'en étais pas rendu compte tout de suite, mais mon échec de Pékin a contribué à ma popularité. Je pouvais chuter, pleurer, perdre confiance, comme tout le monde. Les gens avaient de la peine pour moi, ma détresse les touchait. Sur le coup, j'étais trop mal pour percevoir cet élan de compassion. Je m'en voulais tellement que j'ai cru que le public m'en voulait aussi. Or, c'était le contraire : j'étais faillible, humaine, je faisais des choix parfois irrationnels parce qu'ils étaient guidés par la passion amoureuse et non par le carriérisme ou l'argent. Je ne calculais rien.

Après la naissance de Manon, j'ai réalisé que l'image que renvoyaient mes sponsors ne correspondait pas à la personne que j'étais. J'ai goûté à ce monde d'opulence, de paillettes, avec ces gros contrats publicitaires. J'ai aimé ça, c'était grisant pour une jeune femme de vingt ans, tout ce luxe, cet argent, aller dans des soirées, faire de la télévision, des photos, rencontrer des gens importants. Mais le mécénat si généreux de François Pinault – qui prit définitivement fin après mon retrait temporaire des bassins, en 2008 –, mon statut d'égérie Lancel : tout ça ne me ressemblait pas vraiment. Je n'étais pas cette fille distante et sophistiquée sur papier glacé. Je ne voulais plus être la fille pétrie de timidité qui change de trottoir quand elle repère un attroupement, qui n'arrive pas à aller vers les gens ou à leur poser des questions parce qu'elle ne se trouve pas intéressante elle-même. Je souhaitais plus que tout me débarrasser de cette réputation d'arrogance qui empoisonnait depuis toujours mes relations avec les journalistes, qui me croyaient fuyante et prétentieuse, alors que j'étais surtout terrorisée.

Didier Poulmaire, mon conseil, pensait qu'il fallait me rendre rare et désirable pour attirer les belles marques, glamour et prestigieuses. Il voulait faire de moi une star. Et une star se doit d'être lointaine. Moi, j'avais désormais envie du contraire. Mon statut de mère me donnait confiance, m'aidait à ne plus avoir peur des gens qui venaient à ma rencontre simplement pour savoir si j'allais bien, si j'étais heureuse, si ma petite fille était en bonne santé. Les gens sont bienveillants. Souvent, les Marseillais s'étonnent de me croiser en ville alors que j'y vis depuis 2008. Il faut croire que je m'étais faite toute petite. Pourtant, je ne me cache pas. Et je veux qu'on sache que je suis exactement comme tout le monde.

Je ne vais pas me plaindre de tout ce que j'ai eu, sûrement pas, ça n'est pas mon caractère. Mais cette surmédiatisation, ça n'était pas moi, tout simplement. Quand j'entends des gens comme les candidats des émissions de téléréalité dire qu'ils veulent la célébrité, « être connus », je ne les comprends pas. Mon dégoût a culminé le jour où *L'Équipe* a publié à la une, pour illustrer une interview, une photo volée de moi à Marseille, promenant mon chien. Sauf que ça n'était ni moi, ni mon chien.

Pour casser cette image, entre deux séjours à Auburn, j'ai pris contact avec Jean-François Salessy et Jessie Martin, de l'agence Pimiento, dont je connaissais le travail puisqu'ils s'occupaient de sportifs, et notamment d'autres nageurs du Cercle de Marseille. Didier Poulmaire m'en a voulu. Par lâcheté, par faiblesse, j'ai différé le moment de lui annoncer mon départ. Je n'osais pas l'affronter, repoussant éternellement le moment de lui dire que c'était fini. Il a fini par l'apprendre autrement et il en a été meurtri. Je peux le comprendre. Il m'accompagnait depuis si longtemps, dans les coups durs, les coups de mou, les coups tordus... Je connaissais sa femme, ses enfants, j'allais dormir chez lui lorsque j'avais à faire à Paris. Je suis la marraine de son fils. Il est presque de ma famille, et moi de la sienne. Mais je me sentais prise au piège, enfermée. En tant qu'agent, il ne parvenait pas à entendre que je ne voulais plus de cette image fabriquée, que je me sentais en décalage avec la fille distante des magazines que j'étais censée incarner. Je ne voulais plus faire la gueule, faire semblant d'être quelqu'un que je ne suis pas. J'avais compris que ça ne me coûtait rien de sourire. Mieux encore : que ça me rapportait énormément, parce que les gens m'étaient reconnaissants de ce sourire ou des quelques mots échangés le temps de signer un autographe pour leur petit dernier. Cet instant de bonheur entre eux et moi, c'était inestimable.

Je suis très heureuse de représenter aujourd'hui des partenaires plus grand public, dans lesquels je me retrouve peut-être plus et qui ressemblent aux gens. J'avais envie qu'on m'aide à aller dans cette direction-là.

Notre séparation a été douloureuse. Didier m'a appelée, furieux, blessé. Il en avait gros sur le cœur. J'en ai pleuré au téléphone, et on ne s'est pas vus pendant longtemps. Depuis, ça s'est arrangé, et j'en suis soulagée. C'est quelqu'un que j'estime et que j'aime, je sais aussi que je lui dois beaucoup.

*

* *

Jean-François et Jessie m'ont accompagnée sur le plateau du « Grand Journal ». Ils me donnaient confiance. Je me sentais comme une adolescente qui découvre le monde. En arrêtant de nager, je m'étais rendu compte que je n'avais jamais bu un pot en ville. Jamais. J'ai commencé à me faire des amies, à vivre. J'avais l'impression d'une seconde jeunesse, même si je n'avais pas encore d'idée précise de ce que j'allais faire de ma vie. Grâce à Jean-François et Jessie, je me suis fait des copines, des filles de vingt-sept à quarante ans d'horizons très divers, avec qui j'ai commencé à sortir. Jessie m'a fait rencontrer toutes ses amies, qui sont devenues les miennes. Certaines ne savaient rien de moi, et ça m'a fait un bien fou. On a commencé à se voir, à aller au restaurant, à se promener en ville pour faire du shopping et, pour la première fois de ma vie, j'ai eu la sensation d'être comme tout le monde, normale. Nous formons aujourd'hui une joyeuse petite bande.

À Ambérieu aussi, j'ai désormais des amies. Je les ai rencontrées de manière un peu improbable, un jour où ma mère et moi cherchions un magasin de lingerie à Meximieux. Le magasin avait fermé, mais ma mère et moi sommes entrées dans une onglerie dont Amandine, la patronne, est devenue mon amie. Elle m'a envoyée au salon de coiffure tenu par ses copines, les jumelles Nelly et Sandra, juste en face. Toutes les quatre, nous sommes devenues inséparables. Elles ont sept enfants à elles trois. Elles ne sont pas du tout sportives, ne connaissent rien à la natation.

Ce qu'elles aiment, c'est les ongles, le maquillage et la coiffure. Ensemble, on parle de trucs de filles, de ces trucs que je ne comprenais pas chez mes camarades de classe quand j'étais plus jeune. Chaque fois que j'y vais, elles me coupent les cheveux et Amandine me fait les ongles. C'est la marraine de Manon. Elle a un garçon de cinq ans et une fille de sept ans. Les enfants des jumelles ont entre trois et neuf ans. Quand on se retrouve chez elles, on les envoie jouer dans le jardin et nous, on est tranquilles pour papoter. Elles viennent deux fois par an à Marseille pour une virée shopping, une habitude qu'elles avaient avant même de me connaître. Du coup, maintenant, on en profite pour se voir.

Je repousse le moment de songer à ma reconversion. J'ai ma grossesse à vivre, c'est ma priorité. Fred nage encore au meilleur niveau. Il attend de prendre sa revanche sur Londres à Rio, en 2016. Mais moi je n'en peux plus d'entendre parler de natation. Cette fois, je le sais, ma rupture avec les bassins est définitive. De semaine en semaine, celle avec Fred semble de plus en plus inévitable. Nos centres d'intérêt ont changé, j'ai envie de bouger, d'évoluer, de m'ouvrir sur le monde. Quand je vois mon frère Florent, toujours enfermé chez lui à faire la sieste, exclu de la vie, du monde qui bouge et n'attend pas, je comprends à quel point j'ai vécu en apnée. Sportif de haut niveau, on passe à côté de tout, la vie s'écoule tandis qu'on reste enfermé chez soi à dormir. Nager, manger, dormir…

Le fait d'être partie de chez mes parents à quatorze ans a sans doute influencé ma façon d'envisager le couple. Je n'avais pas de vrai modèle, puisque mes parents ne s'entendaient pas toujours très bien, et j'étais en manque de leur affection. J'ai toujours eu besoin de combler cette carence. Je cherche l'amour des autres et, si je suis heureuse en amour, alors je suis heureuse tout court. Mais j'ai l'impression que, Fred et moi, on n'a plus rien à se dire depuis un moment. On ne se comprend plus. Quand un problème surgit, on a du mal à en parler. Quand quelque chose ne va pas, je le garde pour moi jusqu'au moment où ça explose. Ça peut faire beaucoup de dégâts. Je vis des amours passionnelles. Avec moi, c'est tout ou rien. Je préfère arrêter que de continuer sans être heureuse. Je suis incapable d'attendre un retour de flamme qui, peut-être, n'arrivera jamais. Je dois bien me l'avouer : si j'ai voulu agrandir notre famille, c'est surtout parce que je voulais pour Manon un frère ou une sœur des mêmes parents qu'elle. J'avais envie d'y croire encore, mais la distance s'est installée. Pourtant je porte son enfant et, pour Manon, pour ce bébé à venir, je repousse l'idée troublante et inquiétante que, peut-être, je ne l'aime plus. Ou plus assez. Alors je ne dis rien, même si je m'éloigne, qu'il le sent et qu'il en souffre.

Quand on est sportif, on a une confiance absolue dans son corps, dans ses capacités physiques. On s'imagine qu'il ne peut rien nous arriver, que notre corps ne nous trahira pas. Que tout ira bien, toujours. Je suis enceinte de quatre mois lorsque la deuxième échographie de contrôle révèle un problème. Je ne réalise pas tout de suite. Est-ce que c'est certain ? Est-ce qu'il n'y a pas une erreur ? On pourrait peut-être refaire l'examen et, cette fois, tout sera normal, c'est sûr. C'est sûr.

La terre se dérobe sous nos pieds. Ce bébé, dont j'ai entendu battre le cœur, dont je guette les premiers mouvements, est très malade. Je décide donc d'interrompre ma grossesse. Mon couple qui était déjà fragilisé ne résiste pas à une telle épreuve. Un mois plus tard, Fred et moi sommes officiellement séparés.

C'est le destin. C'est peut-être mieux comme ça.

Manon me donne la force de surmonter cette épreuve. Pour elle, je dois tenir, être solide, rester debout et souriante, ne pas céder au chagrin. Je suis la maman d'une enfant bien vivante, qui me réclame et se jette à mon cou, à qui il faut préparer son lait le matin et raconter une histoire le soir. Une petite fille de deux ans et demi à qui il faut déjà expliquer que papa et maman ne s'aiment plus, en tout cas plus comme avant, et qu'ils ne vont plus habiter ensemble. Une petite fille que j'aime par-dessus tout.

*

* *

Fred part vivre quelque temps chez Flo. Ils s'entendent très bien, même s'ils sont très différents. L'un est un peu trop sérieux, l'autre un peu trop cool. Fred est un adepte du régime sportif pâtes et riz, tandis que Flo est comme moi, plutôt du genre hamburger-frites. Flo initie Fred aux jeux vidéo, et ils passent leurs soirées à jouer à FIFA, un jeu de foot. Au bout de deux mois, Fred trouve un appartement dans la même résidence que Flo. Manon ne comprend pas tout de suite que nous ne sommes plus ensemble. Elle a l'habitude qu'on aille et qu'on vienne au rythme des meetings et des compétitions. Elle s'y fait en douceur, sans drame. J'aime l'insouciance des enfants. Petit, on ne se rend pas compte que tout ne sera pas toujours doux et facile. Quand j'entends Manon soupirer et me dire « ouh là là, elle est dure la vie ! », j'ai envie d'éclater de rire et de lui répondre : « Ma chérie, si tu savais ce qui t'attend ! »

Au début de notre rupture, Fred a peur que je quitte Marseille pour m'installer à Paris, avec Manon. Je le rassure vite : il n'est pas question un seul instant que je le prive de sa fille. Je lui propose de mettre en place une garde partagée, une semaine chez l'un, une semaine chez l'autre. On reste en bons termes, pour elle et parce que c'est l'homme qui a le plus compté dans ma vie. Habituellement, quand une histoire est terminée, je coupe les ponts. Je n'ai pas l'habitude d'être amie avec mes ex. Si j'ai aimé un homme, je n'ai aucune envie qu'il devienne mon copain. Mais avec Fred, c'est différent. Il est le père de ma fille, il a été présent aux pires moments de ma vie, on est restés presque cinq années ensemble et j'ai de beaux souvenirs avec lui. C'est quelqu'un de solide, sur qui on peut compter. Je suis fière qu'il soit le père de ma fille.

J'ai pris un appartement pour me rapprocher de l'école de Manon, voisine de chez son père, et mis en vente ma maison, celle que j'avais achetée en décembre 2011 avec les gains que m'avaient rapportés des années d'efforts. Manon a fait sa rentrée à la maternelle en 2013. C'était une aventure pour elle, qui n'a jamais eu de nounou ni mis un pied dans une crèche. Le premier jour, elle était très heureuse d'y aller, elle m'en parlait depuis des semaines, c'était enfin le grand jour. Et puis elle s'est mise à pleurer quand elle a compris qu'on la laissait là, que papa et maman ne restaient pas avec elle. Moi aussi, j'ai pleuré ! Mais je suis heureuse de la savoir dans cet établissement : c'est une petite école, familiale et rassurante, avec peu de classes. Je sais qu'elle est entre de bonnes mains. Quand je vais la chercher à 16 h 30, pour qu'on aille prendre le goûter ensemble, je vois qu'elle a des copines, qu'elle ne se laisse pas faire. Je dois lui faire confiance : elle va se débrouiller. J'espère seulement qu'elle n'aimera pas la natation. Je n'ai pas envie qu'on la compare à sa mère dès qu'elle posera le pied sur un plot de départ. Pour l'instant, son truc, c'est plutôt le poney : elle monte tous les samedis les petits Shetlands ronds comme des peluches de l'écurie que Fanny, la fiancée de Flo, cavalière émérite, possède à Aubagne.

*

*   *

J'ai deux regrets : avoir quitté Philippe en 2007, parce que avec lui j'aurais gagné d'autres titres olympiques ; et avoir arrêté mes études. J'avais de bonnes raisons de prendre chacune de ces décisions, bien qu'elles m'aient coûté cher, et me coûtent encore. Mais je me dis aussi que si j'avais continué l'école, je n'aurais pas été championne à Athènes. Et que si j'avais été championne olympique à Pékin, je n'aurais sûrement pas eu Manon, ma fille, ma raison de vivre.

Je veux profiter d'elle encore un an ou deux. Ça passe si vite. Et puis il faudra que je me lance dans la vie. J'ai assez bien vécu de n'avoir rien à faire d'autre que regarder ma fille grandir et honorer mes contrats avec mes sponsors. Mais maintenant, il faut que ça change. J'ai l'impression d'être la caricature de la sportive de haut niveau qui ne sait pas quoi faire d'elle-même une fois sa carrière terminée. J'appréhende le moment où Manon remplira des fiches à l'école et devra indiquer la profession de ses parents. Qu'est-ce qu'elle écrira pour moi ? Je donnerais beaucoup pour le savoir. Pendant vingt-huit ans, j'ai vécu dans une bulle.

Les photos, les événements organisés par les sponsors, les émissions de télé… J'ai accepté de jouer les jurés pour « Splash ! », histoire de faire une nouvelle expérience et de me changer de mon quotidien. Je ne suis pas toujours à l'aise devant les caméras. En mai 2006, on m'a proposé de participer à une émission de variétés, « Dans la peau d'un chanteur », où je devais interpréter la chanson *Qui a le droit ?* en duo avec Patrick Bruel. L'émission, en direct, commençait par nous, et ma seule expérience de la musique tenait en un unique cours de chant pris deux jours plus tôt. J'avais peur d'oublier les paroles, je ne savais pas chanter, mais je trouvais ça amusant, sympa. L'audace des timides... Au moment de monter sur scène, j'avais bien plus le trac qu'au départ d'une course. Patrick Bruel s'est montré gentil avec moi, il m'a aidée d'un regard, m'a soutenue, et j'étais heureuse de chanter avec lui. Je l'aimais bien, même si je n'ai jamais été une grande fan. Je n'ai jamais vraiment eu d'idole côté chanson, mon père ne nous laissait pas passer de la « musique de merde » sur la sacro-sainte chaîne hi-fi du salon : on pouvait à la rigueur écouter Hugues Aufray ou Jean-Jacques Goldman, mais mon CD des Spice Girls... jamais ! Finalement, je ne m'en suis pas trop mal tirée mais, en coulisses, soulagée après mon passage, j'ai croisé Dave, qui m'a dévisagée en désignant mes dents mal alignées et m'a lancé : « Ben dis donc, faudra enlever ces trous, c'est pas beau du tout ! » J'ai trouvé ça méchant, idiot. J'ai compris que, dans cet univers, on était attendu au tournant. Depuis, je reste sur mes gardes.

L'enregistrement de « Splash ! » se passait à Strasbourg, ça durait trois semaines. Pourquoi ne pas essayer ? La première soirée, j'étais mal à l'aise, empotée, tétanisée par la peur de mal faire – j'aime à penser que je me suis améliorée au cours des émissions suivantes. Au fond, je ne me sentais pas à ma place. Sur TF1, on est très dirigé, ce qui laisse peu de latitude à la spontanéité. Et puis j'avais du mal avec l'idée de juger des gens, surtout dans une discipline qui n'était pas la mienne, le plongeon. Quelle légitimité avais-je ? Heureusement, Grégory Couratier, un ancien champion devenu juge international, nous avait donné des indications techniques pour nous aider à évaluer les plongeurs. Je me suis amusée, ça m'a permis de rencontrer du monde, de me lier avec les autres membres du jury. J'aimais bien le moment après l'émission où l'on se retrouvait tous pour boire un pot à l'hôtel, c'était sympa, on formait une bonne équipe. On s'est un peu moqué de moi, de ma gaucherie, mais ça m'est égal.

Cependant tout ça c'est bien joli, c'est agréable, ça permet de rencontrer des gens et de gagner sa vie, mais c'est bien éphémère. Je n'ai pas l'impression de travailler quand je fais ces choses-là. Elles n'étanchent pas ma soif de découvertes, ne m'apprennent rien.

Plus que tout, je redoute l'ennui. J'en ai ressenti assez pour toute ma vie. Parce que c'est vraiment ennuyeux, la natation. Lorsque j'entends des enfants me dire qu'ils en sont passionnés, je n'en reviens pas. Je me demande toujours ce qu'il y a derrière, quel est le moteur secret qui pousse un gamin à se jeter à l'eau, ce qui l'anime vraiment dans tout ça. Parce que nager, quelle tannée ! Je comprends qu'on se passionne pour la danse, pour l'équitation, pour tous ces sports esthétiques où l'on fait corps avec la musique ou avec l'animal. Je comprends Fanny, cavalière en équipe de France, qui se lève le matin avec joie pour s'occuper toute la journée de ses chevaux, qui éprouve un plaisir sincère en leur compagnie, à les monter, à se dépasser avec eux. Mais moi, comment j'aurais pu rêver d'aligner des longueurs ? De tremper dans l'eau chlorée toute la journée, pour enfiler seize kilomètres par jour ? Comment j'ai pu prétendre que c'était ma passion, que j'y prenais du plaisir ? La vérité, c'est que je ne connais rien de plus emmerdant. La preuve : je n'ai pas nagé depuis que j'ai pris ma retraite. Pas une seule fois ! Et ça ne m'a jamais manqué. Jamais.

Ce qui me manque, c'est autre chose. C'est de ne pas être encore capable de dire aujourd'hui ce que je veux vraiment faire de ma vie. C'est d'avoir arrêté l'école sans avoir eu le temps de rêver à ce que j'allais devenir et de me retrouver, à vingt-huit ans, comme une gosse qui se demande ce qu'elle fera quand elle sera grande. Même si j'ai eu les victoires, l'argent, la gloire, les paillettes, les télévisions, les honneurs, les voyages… j'envie ceux qui se lèvent le matin en sachant à quoi ils vont être utiles, qui savent qu'on les attend quelque part pour participer à quelque chose.

Quand je croise des gens, orthophonistes, graphistes, restaurateurs… j'ai l'impression qu'ils vivent chaque jour des choses nouvelles, qu'il se passe toujours quelque chose d'intéressant dans leur métier. Moi, c'était chaque jour pareil. Je voudrais entendre la sonnerie du réveil et me dire enfin : « Voilà, j'ai trouvé ce que j'ai envie de faire toute ma vie. » Mais j'ai parfois peur que ça ne m'arrive jamais. Après Pékin, je m'étais déjà posé cette question, pour la refouler aussi vite : je ne sais rien faire d'autre que nager, à quoi ressembleront mes journées quand ça s'arrêtera ? On perçoit alors qu'il va falloir se trouver un autre moteur, se construire toute une existence.

Avant, c'était impossible d'y songer. On ne peut pas gagner si on échafaude des projets, si on pense à autre chose. À ce niveau-là, la volonté de l'emporter prime sur tout le reste, elle occupe tout l'espace mental. Ensuite, on court après des émotions tellement intenses qu'on sait qu'on ne les retrouvera jamais. On recherche cette joie violente, sauvage, du moment où l'on touche le mur, où l'on sait qu'on a gagné. Aucun travail « normal » ne peut procurer de telles décharges d'adrénaline. C'est une drogue dure, dont il faut apprendre à se sevrer. Et pour ça, les instances de la natation ne nous accompagnent pas. La fédération est très contente tant qu'on gagne des coupes et des médailles, mais à la seconde où l'on décide de s'arrêter, il n'y a plus personne et on se retrouve dans la merde, parce que la plupart d'entre nous ont arrêté l'école très tôt pour atteindre les sommets. Aux jeunes qui s'engagent dans le sport de haut niveau, j'ai envie de dire qu'il faut veiller à rester ouvert sur le monde, à se cultiver, à garder d'autres centres d'intérêt. Trop de sportifs se déconnectent de la vie réelle pour tout donner à une discipline qui ne les récompensera peut-être pas à la hauteur de leurs efforts et de leurs sacrifices. Pour un médaillé olympique, combien de gamins qui ne gagneront rien ? Et quand bien même on aura tout gagné, le vide guette, avec ses corollaires : le désœuvrement, l'isolement, la dépression. Je suis bien placée pour le savoir.

Et maintenant ? Reprendre des études, seule chez moi par correspondance ou au milieu de gamines de dix ans plus jeunes ? Je n'ai aucune envie de retrouver mes sensations de l'époque du collège, la peur, la solitude. Je n'en ai pas le courage. Je n'ai même pas idée de ce qui me plairait. Je voudrais mettre ma notoriété au service d'un projet, profiter de tout ça pour en faire quelque chose, mais j'ignore encore quoi.

En 2006, j'avais commencé à rendre visite à des enfants hospitalisés en cancérologie avec l'association Magie à l'hôpital, dont j'avais accepté d'être la marraine. J'aimais faire quelque chose pour ces enfants, leur donner un peu de joie. C'était si facile pour moi, il me suffisait d'aller les voir, de leur sourire, de parler avec eux. Puis je suis tombée enceinte et je n'ai pas pu continuer. Ça m'atteignait trop, je suis devenue hypersensible à leur douleur, à l'idée de leur mort. Ça ne leur aurait pas rendu service que j'aille les voir pour me mettre à pleurer devant eux. Depuis, je suis régulièrement sollicitée par des associations, notamment en faveur des enfants. Mais je ne veux pas faire les choses n'importe comment. Je veux pouvoir m'investir vraiment et, pour ça, il faut choisir. Ne pas me contenter de donner mon nom.

J'ai aussi envie de faire quelque chose pour les animaux. J'aime énormément leur compagnie. Je déteste les voir souffrir. J'ai rencontré Brigitte Bardot à Saint-Tropez, on a parlé de son engagement. Je partage son combat. La défense des animaux m'intéresse beaucoup, j'aimerais faire plus, aller soutenir la SPA par exemple. J'ai accompagné une personne qui venait choisir un chien, et la détresse de tous ces animaux m'a bouleversée. J'ai appris que, le jour de Noël, vingt-cinq chiens et trente chats avaient été abandonnés à Marseille, et ça m'a révoltée.

Quand j'emmène ma fille voir les dauphins au Marineland, je me dis comme une gosse que j'aimerais être dans l'eau à la place des soigneurs. Je me rappelle, au collège, avoir pensé que j'aimais les enfants, les animaux. Si je n'avais pas été connue, si je n'avais pas connu le shoot des victoires, j'aurais aimé travailler dans une crèche, avec des enfants. Mais aujourd'hui, comment faire ? J'ai honte de dire une chose pareille, mais je pressens que j'aurais du mal à gérer la routine d'un métier « normal ». J'éprouve cette peur panique de l'ennui, et elle m'a fait traverser des ténèbres : comment vivre sans ces émotions ? Tout sportif de haut niveau, tout champion qui prend sa retraite connaît ce gouffre qui s'ouvre sous ses pieds, ce tapis qui se dérobe, la dépression dont on n'a pas le droit de se plaindre parce qu'on a tutoyé les sommets et qu'on a eu la chance inouïe de s'asseoir sur l'Olympe. Aujourd'hui, je vis encore ces sensations par procuration, grâce à mon frère Florent. Je suis tellement contente qu'il vive ça maintenant, au sein d'une équipe de France solide, où il y a de l'émulation. C'est motivant. Le voir triompher aux championnats d'Europe cet été en décrochant quatre médailles d'or m'a rendue tellement heureuse ! Je suis si fière d'être la sœur de Florent Manaudou. Mais il n'est pas seul. Je me réjouis de la réussite des Français depuis 2012. Avant, je préférais que ça soit des gens que j'aimais bien qui remportent la course, quelle que soit leur nationalité. Mais maintenant, alors que l'équipe de

France n'a jamais été aussi soudée et aussi brillante qu'aujourd'hui, je suis vraiment contente pour Yannick Agnel et les autres, pour tous ces nageurs extraordinaires qui la composent. Je n'ai jamais connu ça, du temps d'Athènes puis de Pékin, où chacun tentait de briller dans son coin.

Et demain ?

Je suis heureuse d'avoir contribué à populariser ma discipline. Je suis fière d'entendre des parents me confier que j'ai donné envie de nager à leur enfant. La natation est devenue l'un des sports les plus médiatiques des jeux Olympiques, et j'aime l'idée que c'est un peu grâce à moi. Je suis souvent sollicitée pour baptiser des piscines, mais je ne vois pas l'intérêt d'avoir quarante bassins à mon nom. Seules celles d'Ambérieu et de Melun le portent, parce que ça a du sens pour moi.

J'ai envie d'organiser des stages pour les enfants, avec mon frère Nicolas. J'aimerais, à mon tour, leur apprendre à nager, les accompagner mentalement, partager mon expérience. Je sais que c'est paradoxal, parce que je n'ai pas aimé ça. Mais je rencontre aujourd'hui des gamins qui me disent que je leur ai donné envie de nager, qu'ils ont envie de faire comme moi. Je n'avais pas réalisé l'impact que j'avais sur eux, combien j'avais suscité d'envie. Ça me plairait de les aider. Si je peux leur donner du bonheur, sans fixer d'objectifs de résultats, sans stress, alors ça vaut le coup.

*
* *

Côté cœur, je crois que j'ai grandi. Je sais maintenant que le couple, c'est la complicité, l'échange, le respect. Je sais désormais qu'il faut avancer ensemble, dialoguer. Être soudés. Je veux des amours simples et paisibles.

J'ai rencontré Benoît. Je voulais un homme plus âgé, un homme qui décide et s'impose, un homme grand, beau et sportif. Un homme capable de me pousser, de décider à ma place, de me mener à la baguette. Et Benoît est arrivé. Il ne savait rien de moi, en dehors de mon nom. Il ne connaît rien à la natation. Il ne m'a jamais vue nager, n'avait aucune idée de mon palmarès et, pour la première fois, j'ai eu le sentiment de commencer une histoire à zéro. Je me dévoile, il me découvre et j'aime ça. Il me donne envie de me prendre en main, d'entreprendre des choses. Il me donne confiance en moi. Avec lui, tout est naturel.

Et maintenant…

Quand je regarde en arrière, je mesure le chemin parcouru. Je me dis que c'est pas mal, tout ce que j'ai fait en dix ans. Que je ne retrancherais rien, finalement. Et qu'il ne me reste plus qu'à écrire la suite.

Crédits photographiques

P. 1 : Collection personnelle.
P. 2 : Collection personnelle.
P. 3 : Collection personnelle.
P. 4 : à gauche : Alfred/DDPI-SIPA.
P. 5 : en haut : Hartmann/DPPI-SIPA ; en bas : Hartmann/DPPI-SIPA.
P. 6 : Nicolas Gouhier/Abaca Press.COM.
P. 7 : Nicolas Gouhier/Abaca Press.COM.
P. 8 : en haut : Nicolas Gouhier/Abaca Press.COM. ; à gauche : DR ; à droite : collection personnelle.

Table des matières

Composition PCA-CMB
44400–Rezé

Imprimé en France
par Corlet Imprimeur
14110 Condé-sur-Noireau

Dépôt légal : octobre 2014
N° d'impression : 165817
ISBN : 978-2-7499-2288-1
LAF 1876